新世紀叢書

當代重要思潮・人文心靈・宗教・社會文化關懷

達賴喇嘛說
般若智慧之道 Transcendent Wisdom

智慧的本質是什麼？
達賴喇嘛開示 入菩薩行 智慧品

藏文口述◎第十四世達賴喇嘛 丹增嘉措 Tenzin Gyatso
英　　譯◎艾倫・華勒士B. Alan Wallace
中　　譯◎陳琴富

達賴喇嘛(H.H. the Dalai Lama)

〈譯序〉

證空性見　入菩薩行

陳琴富

以佛教的歷史而論，在佛陀駐世弘法到佛陀的直接弟子入滅爲止，稱爲根本佛教時期；主要的思想就是佛陀親口傳授的四聖諦、三法印。從佛陀的再傳弟子起約公元前三五〇年到二七〇年間，稱爲原始佛教時期；主要的思想也是依循佛世遺規，在教權方面維持戒律，在法統方面維持佛陀口傳的要典。佛滅後一二〇年起，僧團開始分裂，因意見不一分爲兩部，稱爲部派時期：一爲上座部，發展成今日南傳小乘佛教；一爲大衆部，發展成今日漢藏的大乘佛教。

在佛滅後四百年，也就是紀元前一世紀，大乘佛教才開始產生。第一位提倡大乘的學者是馬鳴菩薩，著有《大乘起信論》，說一心二門，性相兼容，空有俱顯。第二位是龍樹菩薩，著有《中論》、《大智度論》等，弘揚緣起性空義。第三位是無著和世親兄弟，他們提倡法相唯識，與龍樹之學形成大乘佛教的兩大學派。中觀與唯識對於大乘佛法都有直接的影響，不論是漢傳還是藏傳佛教各大教派，在所弘揚的法教中都兼具了兩家的義理，許多宗派對於中觀與唯識的精義並沒有作太微細的思辨。

龍樹菩薩駐世的年代大約在三世紀間，他是南印度婆羅門種姓，幼習婆羅門教義，後皈依佛法，初習小乘，後學大乘。他的一生充滿傳奇，有說他學過隱身之術，潛入龍宮，打開南天門寶藏，取得大乘經典。曾到過北印度等地學習大乘佛法，後來回到南印度，以《般若經》爲依據廣爲著述，開啓了空宗——中觀學派。

《中論》含攝了中觀學派的主要思想。開宗明義：「不生亦不滅，不常亦不斷，不一亦不異，不來亦不出。能說是因緣，善滅諸戲論，我稽首禮佛，諸說中第一。」直接否定了外道和小乘部派的生滅、常斷、一異、來出等戲論見解，揭櫫了著名的「八不中道」。諸法都是緣起，並無自性，故說空性。此一實相超越了經驗和語言的表意範圍，爲了安立世間人的知見，而有所謂的二諦，一是施設假名的經驗世界，稱爲世俗諦，一爲諸法空相的眞理，稱爲勝義諦。而了悟勝義諦是證入涅槃的條件。《中論》說：「諸佛依二諦，爲衆生說法，一以世俗諦，二第一義諦。若不依俗諦，不得第一義諦，不得第一義諦，則不得涅槃。」

其後佛護和月稱對於中觀哲學的闡釋，是以歸謬論證的方法，形成了中觀應成派。清辨和觀誓的闡釋，是以定言論證的方法，形成了自續派。兩派對於中觀哲學的微細思辯亦有些許的出入。例如清辨不承認自證分，但承認外境以自相有；而應成派於名言上不承認諸法以自相存在，亦不許阿賴耶識、自證分、自續。清辨、月稱之後約一世紀，最重要的中觀學者就是寂天和法稱。八世紀中葉以後，後期中觀學派最重要的論師有寂護、蓮華戒、獅子賢。

中觀思想對於漢傳佛教的影響是深遠的，隋唐的三論宗即是弘揚龍樹的中論理論體系，開始傳譯者爲鳩摩羅什，深擅三論者有僧肇、曇影、僧叡、僧導，到了第六世吉藏著有《三論玄義》、《大乘玄論》等三十八部大疏百餘卷，貞觀以後，三論宗逐漸式微。但中道空義影響著漢傳佛教甚遠，不論是禪宗淨土都標榜緣起性空的義理。不過眞正弘揚或講述中觀哲學者幾無後人。至於西藏地區，中觀思想在前後弘期時相繼傳入，宗喀巴早期的思想屬於自續派系統，晚期則轉入應成派。其《菩提道次第廣論》的修習次第多承襲寂護、蓮華戒的思想。目前格魯派仍沿襲中觀應成思想，寺院中都必須研習

《入中論》、《現觀莊嚴論》等五部大論，可以說對中觀思想弘揚較有次第者。目前西藏學者都還經常講述《入中論》、《釋量論》、《入菩薩行》等中觀印度原典。

至於唯識學派，一般多歸宗於彌勒，他是何許人也，歷史並不可考，有說他是無著的老師，有說他就是兜率內院的彌勒菩薩，留有《瑜伽師地論》、《現觀莊嚴論》、《辨中邊論》等所謂的慈氏五論。在四、五世紀間，無著、世親兩大論師出世，繼承瑜伽師的理論，弘揚慈氏論著，尤其世親所著《唯識二十頌》、《唯識三十頌》闡明唯識心外無境之說，建立了唯識學派。唯識在空義之外，獨尊有說，認為一切法都是自方存在，依他起和圓成實是以自相存在，遍計所執則非眞實的存在。

唯識在中國影響最大的是唐朝法相宗，玄奘大師在印度從戒賢學《瑜伽師地論》，回國後除大量翻譯唯識典籍，也寫成《八識規矩頌》、《成唯識論》等著作，奘師門下四哲窺基、神昉、嘉尚、普光，共成唯識一宗。唐武宗會昌法難，此宗的許多論述遭到焚毀，唐末五代戰亂頻仍，寺院荒廢，漸漸沒落。清季楊仁山創辦「金陵刻經處」，門下歐陽漸、梅擷芸通達唯識，其後熊十力、呂澂皆一時俊彥。在沙門中太虛大師、法昉法師、印順法師、慈航法師、演培法師都精研唯識。唯法相一宗之宗風已不再。

關於寂天的生平事蹟漢文資料並無流傳，他的生卒年也無可考，大約活動於七世紀末、八世紀中；他生於南印度，本名寂鎧，父親善鎧是梭羅史特拉國的國王，自幼聰慧，跟隨上師習法，父親逝世過後，在即將登基的前夜，夢見文殊菩薩端座於他的國王寶座上，自知不宜掌理國政，連夜直奔東印度從獅子王座下學法，後到中印度最著名的佛學院那爛陀寺依勝天出家，法名為寂天。

在那爛陀寺期間，他內勤修學，外示放逸，私下編著了《學處集要》和《一切經集要》，但僧衆瞧不起他，以為他除了吃喝、拉撒、睡眠之外，一無所是，貶他為「三想者」，籌計找機會將他逐出僧團。於是召開一次誦經大會，估計他一定背誦不出一篇經典，可以趁機羞辱他，把他逐出僧團。輪到他背誦時，不料他自信滿滿的問僧衆希望聽什麼經典，僧衆捉弄他說要聽沒聽過的經典，於是他出口成頌，宣說這一部《入菩薩行》，當他說到「智慧品」第三十四頌：「當實無實法，悉不住心前；彼時無餘相，無緣最寂滅。」時，身體騰空而起，逐漸升高至形體消失，聲音仍在空中迴響，直至《入菩薩行》全文頌完。從此雲遊四方，隨緣度化而去。

儘管史傳過於神奇，但是從《經集》和《學集》引述一百多部經典，可以知道他在經論上下過甚深的功夫，而《入菩薩行》千頌對於中觀哲學的闡釋，以及對於當時數論派、勝論派、小乘部派、大乘唯識見解的批駁，可以知道他不但精研三藏，對於大小乘諸部派以及外道的知見都研究得十分透徹，從他此一部頌論的慈悲與謙沖境界，可以了知他是一位登地的大乘行者，後世稱他為菩薩，誠非虛名。

《入菩薩行》的內容是大乘行者如何發菩提心、學菩薩行的修證次第，有從理入，有從行說，由淺入深，次第分明。全論共分十品，分別是：菩提心生的利益、懺悔罪業、受持菩提心、不放逸、護正知、忍辱、精進、禪定、智慧、迴向。本書即是達賴喇嘛對其中第九品「智慧品」的開示。達賴喇嘛身為藏傳佛教格魯派的法王，是格魯系統的法脈持有者，對於中觀哲學當然有最精闢的見解和實證功夫，尤其格魯派從宗喀巴以降就是傳揚中觀應成哲學，再沒有人比達賴喇嘛更適合宣講這部經典。從達賴喇嘛的開示中，讓我們更清楚了解自龍樹菩薩以來整個中觀哲學系統所闡述的空性義理，也更明白佛陀所弘揚的大乘佛教法義。可惜達賴喇嘛只宣說了其中的「智慧品」而已。不過達賴喇嘛時常在其他的開示中提到這本頌論對他的影響，甚至當他闡述菩提發心時，都忍不住悲欣交集的流下淚來。

《入菩薩行》很幸運的保存了梵文原典，印度有關此書的註解超過一百部，可惜傳者不多，藏文也有完整的譯著。至今梵藏的注釋本，比較有名的包括智作慧的《入菩提行難處釋》、善天的《入菩薩行妙貫》、威月的《入菩薩行意趣釋》、賈曹傑的《入菩薩行詳釋》、無著賢的《入菩薩行釋》，當代藏傳佛教的學者亦有許多的開示。至於漢文本，在宋朝時期就由天息災翻譯，題名為《菩提行經》，可惜在漢傳佛教中一直未受到重視。

翻譯此書，在偈頌部分參考了三個版本：一是釋如天的《入菩薩行譯注》；二是貢噶旺秋仁波切講述、張慧娟居士翻譯的《入菩薩行論》；三是杰操大師廣解、隆蓮法師漢譯的《入菩薩行論廣解》。其中隆蓮法師是採七言句式的翻譯，雖然用詞典雅、語意清楚，但不似五言句式簡明，因此偈頌部分綜合釋如天和張慧娟的譯詞。翻譯這本書對我而言是自不量力，期盼識者能指正一二。然而很私心的是，透過這樣的翻譯讓我能從字裡行間，以心實際領受大乘中觀的空性見，就如同接受了一次佛法的灌頂，冷暖自知。

寂天菩薩在本書「智慧品」的結尾有深刻的發願，願以自己所修集的福德雲，飄下無量的安樂雨，消除眾生飽受三界苦火燃燒的折磨；並願心無所緣、意現明空，將虔誠修集的清淨福德，對芸芸眾生開顯諸法緣生無自性的空理。在其「迴向品」中有更謙卑宏深的誓願。翻完此書，只見到自己盲昧無明，仍願有緣讀到此書者，能證悟空性義理、如法入菩薩行。

〈原版序〉

佛法最深奧義的開示

艾倫・華勒士

這本書是翻譯自梵文《入菩薩行》①第九品，它是印度聖哲寂天菩薩（Śāntideva）②的著作。這一品題名爲「智慧品」，針對佛陀法教的教內教外觀點，提出中觀的論點。以西方人的觀點，其內容屬於哲學範疇；但是它有明確的宗教基調在裡頭，它也屬於禪修的訓練，透過實證經驗檢證它的論點。

這本譯著主要是根據十四世紀宗喀巴大師（Tsongkhapa）③的古典藏文註解。此外，也參考梵文智作慧（Prajñākaramati）④的註解《入菩提行難處釋》，以及宗喀巴一位弟子的藏文註解⑤。這本書是達賴喇嘛於一九七九年夏天在瑞士的雷康（Rikon）⑥以藏語開示翻譯而成。這次的開示，聽眾大約有上千的藏人和許多的西方人，很顯然的它是針對有佛學基礎的人士宣說的。寂天菩薩的「智慧品」在佛教論師的眼中是佛法最深奧義的解說，也是挑戰佛教哲學的頂峰。期盼這本譯作能進一步闡明「智慧品」的精義，對那些想要了解中觀哲學以及它與當代思潮相關的人有所幫助。

註釋

①《入菩薩行》（*A Guide to the Bodhisattva Way of Life*，梵文：*Bodhisattvacāryāvatāra*）。

②中觀哲學可以回溯到佛陀的法教。這個哲學見解是在佛陀涅槃後數世紀由印度聖者龍樹菩薩首次加以系統化。生於第八世紀的寂天菩薩正當耶穌基督的時代，他處理的是在古印度衆多的聖者和豐富的靈修環境下，已經被研究和實修了千年之久的哲學體系。

③藏文：*sPyod 'jug shes rab le'u'i tikka blo gsal ba*，《入中論善顯密意疏》。各章的標題和第二冊的其他標題都是根據宗喀巴本論著的提綱。

④智作慧，梵文：Pañjikā。

⑤賈曹傑：《入菩薩行詳釋——佛子正道》。藏文：sPyod 'jug rnam bshad rgyal sras 'jug ngogs, rGyal tshab dar ma rin chen。

⑥我參加了那次系列演講，而且根據錄音就此翻譯了寂天菩薩此論第九品。

謝辭

這本譯作是我在安赫斯特學院研究（Amherst College）時完成的，那是一九八六年的十二月底。我特別要感謝安赫斯特學院的宗教學教授羅柏・楚門（Robert Thurman），他幫助我詳細的校讀這本譯作和註解。我同時要感謝范絲娜（Vesna Acimovic）在梵文翻譯上對我的校正。

開始翻譯梵文本時，我是用瓦德雅（P.L.Vaidya）所編譯的《佛教梵文經典系列》的譯本。我同時也參考了在印度達蘭沙拉的西藏文化出版社所出刊，由史蒂芬・巴徹羅（Stephen Batchelor）所翻譯的英文譯本。在最後完稿時，我參考了邁可・史威特（Michael Sweet）的譯作，那是他在一九七七年於威斯康辛大學佛學研究所的博士論文，題名爲《寂天與中觀：入菩薩行智慧品》。

達賴喇嘛說般若智慧之道（原書名：超越的智慧）

【目錄】本書總頁數共256頁

〈譯序〉證空性見　入菩薩行　◎陳琴富
〈原版序〉佛法最深奧義的開示　◎艾倫·華勒士
〈謝辭〉
緒論：般若慧生處　3
第一部　開啟般若智慧的方便　9
1 二諦的建立　11
二諦的類別
斷二諦之諍
駁實有之諍
2 破唯識見　35
3 中道之必要　54
了悟空性之必要

第二部　無我　87

4 人無我　89
破俱生我執
破數論派的我
破分別論的我
斷無我之諍

5 法無我　120
四念處
身念處
受念處
心念處
法念處
斷諍

第三部　破除實有　163

6 破他宗實有見　156

7 論證無實有 171
辯「金剛屑」因
互生的辯正
破有無生因
8 勸修空性 210
參考書目 225

緒論

Preface

般若慧生處
The Place of Wisdom in Spiritual Practice

1

此前諸支分
佛為智慧說
故欲息苦者
當啟般若慧

「此前諸支分」是指前面提到從布施到禪定五波羅蜜所攝的一切方便等①，或是指禪定②。所有的內容都是釋迦牟尼佛爲了要開啓衆生究竟智慧所說的。爲了讓心中生起對空性的了悟，行者不必同時修習其他的五度波羅蜜。根據此論的作者寂天菩薩以及論師月稱（Chandrakirti）和佛護（Buddhapalita）的觀點，聲聞③和獨覺④聖者透過空性見克服心智上的障礙達到見道位與修道位⑤。因此，開發智慧不必然要修習前五度波羅蜜，也不需要去滅除煩惱障⑥。

智慧的本質是什麼？空性見伴隨著止⑦和觀⑧打破所知障⑨；在這種見地下，行者經驗到存在的微細狀態⑩。這是從禪定生起的智慧。但是這種智慧不足以克服那些障礙。沒有累積足夠的福德資糧，那種智慧無法破除所知障的染污⑪。明心見性的主要障礙是所知障，般若智慧就是它直接的除障劑。為了開啓般若智慧，必須進行一系列的禪修，就是累積福德資糧。因此論中說：「此前諸支分，佛為智慧說；故欲息苦者，當啓般若慧。」

佛陀的法教無不是在教導人們達到成就⑫和究竟安樂⑬。究竟安樂是指解脫和全知，要獲得這兩者，必須具足空性見。一個人想要去除煩惱障和所知障，必須開發空性正見。因此，佛陀所開示的八萬四千法門，包括布施波羅蜜等種種方便，無非是為了要開啓眾生的智慧。聲聞和獨覺聖眾也必須藉著種種方便開啓智慧，沒有善巧方便是不可能獲得智慧的。這裡所謂的「方便」並不是指菩提心⑭或是承擔度衆生的責任。有許多福慧資糧能夠被開啓，都是因爲厭離輪迴⑮的動機，例如定力的開發。因此藉著修習戒定慧三學⑯，可以破除無明⑰。所有的方便都是爲了解脫。

註釋

①前五度波羅蜜的修行是：布施、持戒、忍辱、精進、禪定。第六度是般若波羅蜜，意即智慧。

②禪定。梵文：dhyāna 藏文：bsam gtan（就本書而言，當三個詞在註腳中引述時，前面一個是英文，其次是梵文，後一個是藏文，如果只引用一個時，是引用藏文。）

③聲聞（Listerners, srāvaka, nyan thos）。

④獨覺（Solitary Sages, pratyekabuddha, rang rgyal）。

⑤有關聲聞和獨覺聖者的簡明解釋，請參考達賴喇嘛的《慧眼初開》（*Opening the Eye of New Awareness*, Wisdom Pub., London, 1985, pp.85-90）聲聞、獨覺、菩薩根據五種各別的道去開發他們的正覺之途。這五道位分別是：資糧道（Path of Accumulation）、加行道（Path of Preparation）、見道（Path of Seeing）、修道（Path of Meditation）和無學道（Path of No Training）。例如，一個人適合聲聞乘，透過清淨的捨離得到聲聞的資糧道。經過資糧道的修成且

體驗禪定和禪觀空性的整合後才能達成加行道，這個體證摻合了空性的一般性概念。見道是直接體悟空性，去除了最微細的概念式的遮障。修道就是不斷的禪觀究竟空義，因而去除了內心煩惱。聲聞乘的無學道是到達內心完全清淨的境地：心已經完全從煩惱中解脫，連種子亦不生起。獨覺和菩薩的五道位與聲聞不同，他們證悟的果位更高。有關此三乘五道位更深入的解釋請參考格西嘉旺答杰的《西藏傳統的心智開展》（Geshey Ngawang Dhargyey: *Tibetan Tradition of Mental Development*, Library of Tibetan Work and Archives, Dharmsala, India, 1974, pp.183-201）。

⑥煩惱障（afflictive obscurations, klésāvarạna, nyon mongs pa'i sgrib pa）這些煩惱最主要的是貪、瞋、痴。

⑦三摩地（meditative quiescence, śamatha, zhi gnas）。

⑧毗婆舍那（insight, vipaśyanā, lhag mthong）。

⑨所知障（cognitive obscurations, jñeyāvarana, shes bya'i sgrib pa）這些包括，例如，內心煩惱的本質和外相實有的謬見。

⑩有關止和觀的解釋主要是根據小乘佛典，可參考蘇雷利的《止觀雙運》（Amadeo Soleleris: *Tranquility and Insight*, Shambhala Publications, Boston, 1986）、海尼波拉的《止觀之道》（Henepola Gunaratana: *The Path of Serenity and Insight*, South Asia Books, Columbia, Missouri, 1985）。這兩個禪修面向的中觀解釋可參考傑佛瑞・霍普金斯的《禪觀空性》（Jeffrey Hopkins: *Meditation on Emptiness,* Wisdom Publications, London, 1983, pp.67-110）。

⑪藉著身口意的善業我們可以累積「福德資糧」（store of virtue），這種行爲會在心中留下好的印記，這是獲得心靈正覺所不可或缺的助緣。佛教徒的禪修不斷強調開啓智慧以及利他慈悲發心兩者間的平衡。進一步了解這兩種障礙可參考前註《禪觀空性》p.300。

⑫ abhyudaya, mngon mtho 這是指轉生於善道，如天道、人道。

⑬ felicity, nihśreyasa, neges legs。

⑭ bodhicitta, byang chub sems 菩提心是一種爲了利益一切衆生而成佛的熱望。進一步的解釋可以參考傑佛瑞・霍普金斯的《密續的特色》（*The Tantric Distinction*, Wisdom Publication, London, 1984, pp.58-74）。

⑮佛教輪迴觀念的解釋可參考拉提仁波切、登瑪簍瓊仁波切、黎查爾和傑佛瑞・霍普金斯合著的《藏傳佛教的禪定》（*Meditative States in Tibetan Buddhism*, Lati Rinbochay, Denma Locho Rinbochay, Leah Zahler and Jeffrey Hopkins, Wisdom Publication, London, 1983, pp.23-47）從輪迴中解脫就叫做「涅槃」（Nirvana）。

⑯三學就是戒（moral discipline）、定（concentration）、慧（wisdom），可以參考《慧眼初開》（*Opening the Eye of New Awareness*, pp.53-84）。

⑰無明（kleśa, nyon mongs）我翻譯這個重要的名詞，是結合「心智的染污」（mental distortion）和「心理的煩惱」（mental affliction）兩者的意思，因此它們可以說是同義詞。前者的

意思是煩惱遮障了我們對現實的經驗，因此帶來痛苦。後者的意思是強調它們是心理上的疾病，意指兩者都是痛苦的源頭，而煩惱的心是可以治癒的。

開啟般若智慧的方便

The Methods Needed for Cultivating Wisdom

1 二諦的建立

Introduction to the Two Truths that Comprise Reality

二諦的類別（The Classification of the Two Truths）

2

世俗與勝義
許之為二諦
勝義非心境
說心是世俗

關於現象界①和實相界的智慧有很多種。此處我們談的是般若智慧，它破除了輪迴的因②。輪迴因於執取諸法爲實有，這種執取的本能③就是所知障。般若智慧就是了悟空性的正見，一旦了悟空性就明白了實相。

我們必須了解各種現象面的本質。例如，當我們被迫必須要經常和一個口是心非的人相處，他表現出來的特質和他的本質是不同的，了解這兩種特質就變得很重要。和這種人相處要不出差錯，就必須要知道他的這雙重個性。光了解他的外貌是不夠的，我們還要知道他的性情和能力。然後我們才知道對他能有什麼樣的預期，才不致於被他所蒙騙。

同樣地，這世界上五花八門的現象層出不窮，它們確實是存在的。它們能幫助我們也能傷害我們。如果我們不了解它們存在的根本樣態，就像前述的例子不了解一個人的雙重性格一樣，我們就很容易上當。

諸法是由許多相關的現象④互相依賴而存在，他們是由於因緣而改變，也由於因緣而呈現不同的樣貌。諸法無常，因爲它們需要依賴別的現象而存在⑤。如果它們是獨立地存在，它們就不會改變。由於它們是互相依存的，所以缺乏獨立的自性。因此，當某種事物呈現出非好即壞的一面時，它似乎有所謂的自性；但假使我們更進一步的檢視時，會發現它在本質上很容易改變。因此，諸法有兩種特質，一個是本質，一個是表相。

我們週遭的物質世界是無常的，個別的實體有它們自己主要的本質。由現象所型構的這個世界都是依靠因緣條件，因此它們缺乏獨立地自性。無自性是諸法存在的根本樣態。因爲現象有兩種存在的樣態——表相的和根本的，認知它們也有兩種形態：一個是探究前者的本質（世俗諦），一個是探究後者的本質（勝義諦）。

什麼是存在的根本樣態呢？沒有獨立性，就事物的客體本身而言並不存在。一個物體的究竟狀態就是本質上不存在。我們的心理解事物的究竟本質，它呈現出與現實狀況一致，因此我們認知事物就是它顯現的那個樣子，這叫做「如所有智」⑥。由於現象缺乏實存的自性，因此它是空的，我們稱作「空性」。沒有更高的眞理超越這個了。意識所見到的現實經驗就是如此，這稱作「勝義諦」，存在的本然狀態。至於其他的眞理，外相的狀態與它的本然狀態是不一致的，因此它們是虛妄的、是表面的。

就一個實體而言，我們必須了解它存在的兩種樣態。此實體可以利益人也可以傷害人，它有兩種樣貌。我們不會認爲存在的本質可以在別處找到，它的本質就是它存在的終極狀態。在一個實體中可以發現它表相的特質和究竟的本質，這就是所謂的二諦。

能夠了知一個事相究竟本質的心，就是如所有智。另一種心是對事相表面的認知，稱爲「盡所有智」。《入菩薩行》中提到需要開啓智慧，指的是如所有智。爲了了知究竟眞理，我們必須能分辨究竟的眞理和表相的眞理。

論中談及知識的兩種事相：世俗諦和勝義諦。這兩種都應該了知。究竟眞理無法直接以二元的分別意識探究。當我們直接理解一個實體的究竟本質時，二元的外相消失了。因此，究竟智慧超越了二元意識。二元意識被無明染污，因此究竟的本質無法在其中開顯。

如果說了知勝義諦完全不需任何形式的意識，那又不盡合理了。論中的「勝義非心境」此處的心境指的是二元意識。第一句「勝義非心境」，隱含著對勝義諦特性的解釋；第二句「說心是世俗」，隱含著對世俗諦特性的定義。二元意識的對象是世俗諦。

斷二諦之諍（People Who Ascertain the Two Truths）

3

世見二種人
瑜伽師一般
一般世間人
瑜伽師所破

有兩種型態的人——沈思哲理的人和一般人。就前者而言對於哲理的探究也可分為高層次的和低層次的人。那些確知現象無自性的是屬於高層次者，那些反對者屬於低層次者。就前者而言，主張心識實存的是唯識師⑦，高於此見解的是中觀師⑧。

至於一般人則沒有深究哲理，論中談及他們所見及所描述這個世界的方式，都是透過經驗來理解，例如相信自我認同，事實上是虛妄的。同樣的，那些從事高層次哲思者的經驗，對於一般人而言，也是虛妄的。

4 瑜伽師亦因慧別上制下 以二同許喻為果不深察

如前所述，證悟空性的瑜伽師也因慧力等功德差別，而被更高層次的凡聖瑜伽師所超越。這些見解是藉著理性的論證所超越。即使是中觀見也有兩個派別：中觀自續派（Svatantrika）和中觀應成派（Prasangika）。在應成派中即使給予相同的設定，仍會有不同層次的內觀見地。對於空性的單一現象，有不同的經驗方式：例如見道的經驗，其一是隱藏在總義⑨之中，另一則否。在除障方面也有差異。在每一個面向上，層次高的都要超越層次低的。

如果低層次者的見解一下就被層次高者所推翻，在邏輯上爲了要了解一個人的見解被駁倒，應該有一個辯駁的基礎。作者在此談及一個瑜伽師和一般人都能接受的比喻。例如夢境和幻覺：通常人們談到一個特殊的經驗說「那好像是一場夢」，意思是指它的確發生過，但是他們懷疑是眞還是夢⑩。

細查的結果，存在的不同狀態是可以辨別的。這是否意味類似「無相布施」等靈修是沒有意義的呢？不，禪修者爲了成佛而採用這些修心的方法，這不需要檢驗或深究⑪。任何顯現的事物都是世俗上可以接受的，人們就是據此而修行⑫。

5 世人見事物分別為真實而非如幻化故諍瑜伽師

如果瑜伽師和一般人都同意一個世俗的爭論，那他們彼此的歧見何在呢？當法師說法的時候，由於聞法者個人體悟深淺之不同，極可能產生不同的詮釋。例如：唯識師主張身和心是實有的；而中觀師主張身心非實有。即使它們確實是顯現存在的，但不是像一般人所共見的存在，而是如幻的。因此，在一個法教的基礎上，會產生不同的詮釋。就是以這樣的方式，瑜伽師和一般人產生了歧見。

駁實有之諍（Qualms Concerning the Lack of Intrinsic Existence）

6

色等雖真實
共許非智量
彼等誠虛假
如垢而謂淨

一切有部辯詰：如果「色法等爲眞實」是錯誤的話，我們又如何能意識到它們呢？更進一步的現象實有等可證實的觀念又如何安立呢？

中觀論師回應：這些色法等的確可證實是眞的。然而當我們說「正觀」⑬時，這項立論是沒有錯的，有關自相⑭的外觀並非虛假的認知。主張實有的唯識師談到正觀時認爲這些都是存在於心的。他們相信現象的顯現就是它們存在的樣態，它們顯現就證明它們的存在。他們稱此現量非虛假的。

在中觀師的論證下，儘管現量的認知是世人公認的，但否定所有世俗的現象是有自性的。對於現象外觀有自性的認知，他們認爲是虛妄的。應成派的論師持這種見解，有關外相自性實有的說法，他們不接受是正觀的現量。因此，他們同意，一個虛妄的認知會證明其對象屬實。所以，現象是因爲人們的共許而存在，不是因爲它們有自性⑮。

色等現象被視爲虛妄，因爲它們的外貌和它們存在的樣態並不一致。一般人視骯髒的東西爲潔淨的，因爲那些東西顯現的方式使人們誤解了它們眞實的樣貌⑯。雖然它們被共許爲潔淨的，但事實是相反的。同樣地，雖然現象非實有，但是它們呈現的樣貌好像是實有的樣子。因此造成一切有部主張的誤解⑰。

佛說實有法
剎那非真實
豈不違世俗

辯詰：佛陀在經典中說到，所有因緣聚合的東西都是無常的，所有染污的事物⑱都是有漏而無法令人滿足的。因此，當佛陀宣說四聖諦時，他談到十六行相，其中包括無常⑲。那些難道不是究竟眞理嗎？難道不是不容置疑的嗎？

回應：佛陀的這些教示是爲了要使人們進入空性的體驗；究竟上來說，一個壺中並沒有一個叫做無常的東西。畢竟，現象並非剎那存在，現象本身沒有自性，它並不擁有像是無常這一類的東西。

辯詰：如果我們採取這樣的立場——在究竟上，現象並非剎那存在——這是否意味世俗所見的現象剎那生滅是錯誤的嘍？

8

瑜伽量無過
待世謂見真
否則觀女垢
將違世間見

回應：不，沒有錯。刹那生滅見是安立在世俗的現量境上，以世俗的觀點我們接受。瑜伽師對於四聖諦的所有十六行相都是做世俗境的理解，所以我們接受。

辯詰：那麼，難道我們不能稱它們做十六「眞實」嗎？

回應：一般人把本質是無常的事物視做恆常，把骯髒的東西視爲潔淨。與這樣的態度相較，瑜伽師體證了眞實⑳，這是世俗所謂的眞實。

辯詰：一般人和瑜伽師看待事情是兩種不同的方式。難道瑜伽師的觀點不能被一般人駁倒嗎？

回應：不能！他們的差別在於前者是根據現觀智㉑。否則，如果瑜伽師的論點能輕易被一般人推翻的話，那麼女身不淨的觀點也會被推翻了，因爲一般人認爲女身是潔淨而且迷人的㉒。

9

供幻佛生德
如供實有佛
有情若如幻
死已云何生

辯詰：如果你否定實有論，爲何你們主張供養如幻的佛卻能夠累積福德呢？

回應：是的！如果你造作如幻的業，就會產生如幻的果。例如，唯識師主張實有論，認爲實有的行爲產生實有的果、累積實有的福德。中觀論者認爲供養如幻的佛累積如幻的功德——不是實有的。

辯詰：如果中觀師主張一切衆生如幻，衆生死後如何能再入胎受生？

10

衆緣聚合已
雖幻亦當生
云何因久住
有情成實有

回應：幻象並非實有。幻象並不是像一匹馬或一隻大象一樣顯現的。雖然它不是眞實的，但它是衆緣聚合而成的，也因爲衆緣離散而消逝。因此，即使是幻象也是依靠因緣而生滅。不能把時間的長久視爲是實有的一個標準，因此而認爲衆生是實有的。

11 殺害幻人等　無心故無罪　於有幻心者　則生罪與福

辯詰：雖然衆生如幻，殺人還是有罪。殺害一個幻人，難道沒有罪嗎？

回應：因爲它是被無心所殺，因此沒有罪業產生㉓。但是，如幻的人有如幻的心，以此心行善或行惡就會產生各自如幻的福德和罪業。

12

咒等無能力
不生如幻心
種種因緣生
種種如幻物
一緣生一切
畢竟此非有

心識必須由一個與它自身相似的來源而產生，這在稍後會解釋㉔。不可能光靠咒語就創造出一個心識來。因此在幻象之中不可能生出如幻的心。你可以創造出一匹馬或是一隻大象的幻象，但不能創造出一個幻心。

不同的狀況，產生種種不同的幻象。縱使它們不是實有的，它們也是依種種因緣而生。單一的因緣不可能生出萬法。

13

勝義若涅槃
世俗是輪迴
則佛亦輪迴
菩提行何為

在一些經論例如龍樹菩薩的《六十如理頌》㉕談到究竟實相、空無自性，就如同涅槃一樣。輪迴則是世俗諦。涅槃有三種型式：自性涅槃、有餘涅槃、無餘涅槃㉖。第一種只是體證了空無自性，一個人可以同時居住在世間和涅槃境。據此，產生了一個問題，佛陀是不是也在輪迴呢㉗？

14

諸緣若未絕
縱幻亦不滅
諸緣若斷絕
世俗亦不生

因爲幻象是依靠助緣，假如諸緣沒有斷絕，隨之而生的幻象就不會滅絕。諸緣若斷絕，幻象也就息滅。因此，只要因緣熾盛，輪迴和幻象就持續㉘。如果諸種因緣停止了，那不只是究竟實相的自性涅槃而已，世俗的、剎那生滅的輪迴也被切斷。這個斷絕就叫做涅槃。

例如，就像雲在天空中消失一樣，煩惱和所知兩種障礙的息滅也一樣，在實相的天空中消逝㉙。煩惱障因諸緣的停止而息滅，即使是世俗也不再生起。這個叫做解脫。

註釋

①本書中關於「現象」（phenomenon）這個詞將會用於和「實體」（entity）同義，而非「本體」（noumenon）的反義。

②輪迴是不斷重覆生老病死的狀態，這是由於無明的力量以及業的染污所致。

③vāsanā, bag chags。

④Pratītyasamutpāda, rten cing 'brel bar 'byung ba。

⑤梵文的法（dharma）在本書中翻譯成三種意思——實體（entity）、現象（phenomenon）、事相（event）。這幾個名詞可以視為同義詞。

⑥如所有智（ontological understanding, ji lta ba'i shes rab）與盡所有智（phenomenological understanding, ji snyed pa'i shes rab）成對比，這關係到世俗境的多元外相。

⑦此處「唯識師」（Idealist）只用於佛教唯識學派（Vijñanavāda, sems tsam pa）。

⑧此處「中觀師」（Centrist）也只用於佛教的中觀學派（Madhyamika, dbu ma pa）。

⑨總義（general idea, don spyi）。

⑩相同的比喻可以透過內觀的不同層次用不同的方式解釋。例如，唯識和中觀都主張情器世界是如夢如幻的。唯識師對此義的解釋是，世間在外相上呈現在感官中好像是存在的，是獨立

於心中的，事實上所有的現象都是意識的變現；相反的，中觀應成派認爲現象如夢如幻，是因爲它們呈現的樣貌確實存在，只是它們的確沒有自性。兩者的解釋都接受如夢的比喻，但對於現象的呈現以及現象的存在見解卻不一致。

⑪如果我們運用究竟義去分析接受布施的人，將會發現沒有一個施受者。同樣的情況當我們檢視布施者，也會發覺沒有一個布施者和所施的行爲。然而，這個結論不能阻止我們去行布施。當行持布施時，我們是從世俗義來看施者、受者和行爲，而不會從究竟義來分析檢視他們。

⑫根據中觀應成派的見解，安立一個事物的實存，必須滿足三個標準：⑴它的存在必須被世俗認知所接受。⑵它不能被世俗認知視爲無效。⑶它也不能在勝義諦的檢視下被認知是無效的。注意到這三個標準都牽涉到認知，沒有碰觸到客體自方的決定因素。這個觀點是依據經典中佛陀所說：「大眾主張存在的事物，我也認爲它們存在。大眾認爲非實存的事物，我也是持非實有的觀點。」

⑬正觀（如理如量的認知，又稱圓成實性，verifying cognition, pramāṇa, tshad ma）有兩種型態的正觀，知覺的（perceptual）和推論的（inferential）。可參考史卻巴斯基的《佛教邏輯》（F. Th. Stcherbatsky: *Buddhist Logic*, Dover Publications, New York, 1962, Vol.I, pp.146-180, 231-274）。

⑭自相（self-defining object, rang mtshan）。

⑮一個事物無法依自性而實存，但卻因概念式的假名而安立。在這個意義下它是依輿論合意而存在。但是誠如作者所指出，特定的一群人相信它是實有的，並不意味著它必然是實有。例

如，十九世紀，物理學者普遍認爲有絕對的時間和空間存在，概略的說，雖然是輿論合意，那個信仰卻是錯誤的。

我們對事物本身的認知沒有錯，但可能對於它的外相產生錯誤知見。進一步的說明可參考偈頌75的註解㉕。

⑯「不淨」通常在佛經中引述是指人的身體。對人體的性吸引力會視它爲「清淨」且令人陶醉的，這個外相藉著香水、珠寶和迷人的裝飾而擴大。當我們的心被性慾所掌控時，會集中於外在的身體並與內在的慾望相結合。禪觀他的心不受感官所掌控，「觀身不淨」就是常用的方法。因爲外表的皮膚只是一個容器，裝著血液、脂肪、骨頭、黏液、汗水、糞溺等等。一個淫慾者顛倒的心無視於這些身體不淨的成分，錯誤的以爲它們是清淨的。

⑰總結而論，一個社群可能同意某些事物的實有以及它究竟的樣態，也可能他們都錯了。這個信念的錯誤是因爲他們的正觀是無效的，並不是因爲他們沒有了悟究竟的實相。佛教徒禪修的一個主要挑戰，就是要認知「分別」和「正觀」的不同並開展出正觀。這是戒定慧三學的主要目的。

⑱「染污的事物」包括受到無明的影響而生起的事物，以及從這些煩惱中產生的行爲。

⑲四聖諦以及十六行相，在《西藏傳統的心智開展》中有討論，見pp.20-38。

⑳對一個沒有受過訓練的心，我們週遭的現象似乎相當的靜態，只能看到它們粗糙的無常性。相反的，一個禪觀的覺性可以很微細的覺知，掌握現象瞬間的生滅。這個細微的無常性是世

俗境中很重要的切面。

㉑一個禪觀的心是透過禪定的修習而粹煉出來，藉著艱鉅的對於覺性穩定、清晰的訓練而達到。進一步則用一些方法開發內觀，以這種方式可以開啓眞俗圓融的現觀智（verifiable knowledge），這個可以破除一般人沒有根據的假設。

㉒因此，中觀理論非常坦率地陳述眞理不是靠「多數決」。少數覺悟者的洞見可能破斥多數的共知共見。當寂天首次宣說本論時，他是在衆比丘集會的面前所說。對他來說提到以女身不淨觀來對治性慾是適當的；如果這樣一位老師在衆比丘尼面前宣說，這個不淨將可能是指男身。

㉓在從事一件行爲時，有四個程序發生：⑴動機，⑵準備，⑶執行，⑷行動的完成。「殺掉」一個幻想中的人，前兩個階段已經發生，後兩個階段不發生。很顯然的，刺殺的行爲和死亡的結果沒有發生，因爲在幻境中沒有一個眞實的人。因此，刺殺他人的罪業不成立，但是仍然有殺人的動機和準備的罪業。

㉔這個主題會在第96頌時討論。根據禪學理論，心識不是從事物或能量產生，也不是從無中生有。它只是依緣前面的心理延續狀態。因此，一個胎兒的最初意識不是從父母的精卵結合而產生。它是延續自前面的意識狀態。這個延續可以追溯到前世，與另一個生命的生與死連結。胎兒的心識帶著無數前世的痕跡與特徵。

㉕《六十如理頌》（*Yuktiṣaṣṭikā, Rigs pa drug bcu pa*）。

㉖有餘涅槃和無餘涅槃進一步的解釋，可參考《禪觀空性》pp.342, 394-395。

㉗一個覺性圓滿的佛已經從輪迴中解脫，但是根據大乘佛教，這並不意味著他就不再轉生於人間了。由於無明的染污已經清淨而不再轉世，但是一個佛菩薩因爲慈悲，爲了度衆生而再示現人間。

㉘佛教徒視世法如幻的觀念普遍爲西方讀者所誤解。部分原因是由於很多的佛教文學著作被西方的語言誤傳所致。這個對於佛法的失眞很自然的在佛教徒和西方科學研究者之間製造了一個鴻溝。

例如，當物理學家史蒂芬・霍金（Stephen Hawking）描述東方神秘主義可能洞悉客觀現實的可能性時，他的反應是：「我想這是廢話……東方神秘主義的領域是一個幻象。一個物理學家如果試圖把它和他的研究做連結，等於放棄了物理。」（見約翰・波斯洛夫所著《史蒂芬・霍金的宇宙》）（*Stephen Hawking's Universe*, John Boslough, William Morrow & Co., New York, 1985, p.127）。淺顯的事實是佛教徒視世法如幻很難在西方科學領域中被接納。先驗實在論優於大部分古典物理學的陳述，認爲本質與我們直接的經驗並不一樣；量子力學和相對論描述的世界對於我們平常人的認知與觀念來說則太陌生。在那層意義上，科學認爲我們每天的生活經驗，其本質是如幻的。客觀世界的存在本質在晚近也受到量子力學的挑戰。（比較一下大衛・莫明的〈無人月依舊：現實與量子論〉以及柏納・艾斯帕格涅特的〈量子論與現實〉）（"Is the moon there when nobody looks?: Reality and quantum theory", N. David Mermin,

Physics Today, Apr., 1985, p.38; "The Quantum Theory and Reality", Bernard d Espagnat, *Scientific American*, Vol.241, No 5, Nov.1979）。

中觀見解承認物理世界的存在，它是非常小，如內心世界一樣眞實。在吾人認知經驗的範圍，它說明了物理理論可能是眞實的。它避免了極端的機械主義。然而，科學並沒有聲稱本體的存在是獨立於我們的經驗與概念之外；在這樣的陳述下，中觀見解迴避了極端的唯心實在論（immanent realism）與先驗實在論（transcendental realism）。

㉙ dharmadhātu, chos kyi dbyings。

2 破唯識見 Critique of the Idealist View

15 幻識若亦無 以何緣幻境

因爲中觀師否定諸法實有，那麼如幻的色聲等境所緣之意識也是沒有自性的。因此，當唯識師聽聞某種事物無自性時，他就認爲它完全不存在。他接著會問：即使是幻識也不存在，那是如何知道有幻境的呢？這意味著沒有一個事物是有所緣的嘍！對此，中觀師的回應如下。

16

汝若無幻境
心識何所緣
若彼有其他
彼相即是心

唯識師：外界的現象並不實存。所有現象的本質都是主觀心識，它們是心的體性，沒有任何其他的本質。我們唯識論者堅信三界①的本質唯在此心。

中觀師：依照你們的觀點，如果現象表面上是實有的，一如它們呈現的樣子，那必定不是幻境。如果現象在表面上不實存，雖然有樣貌呈現，它們必定是沒有自性。依你們的論點，諸法都將不存在。在這種情況下，假使幻境都不存在，那心識也就無所依緣了。

唯識師：就實相而言，現象在外觀上並不像它所呈現的那樣實有。色等所呈現的境相是以心的本質而存在。因此，就外在的現象而言本不實有，根本上也不存在。

17

幻境若即心
何者見何者
世間主亦言
心不自見心
猶如刀劍鋒
不能自割自

中觀師：你們唯識師主張所緣的境和能緣的心本質是一樣的。如果主賓同一，到底是哪一個有境心看到哪一個所取境？如何能自己見自己？經典也駁斥自己能緣自己的可能性。佛陀在《勝鬘經》②中說：「心不能夠意識心」。心不能夠意識自心，就如同劍再鋒利，也不能自己砍自己一般。

18

若謂如燈火
如實明自身
燈火非自明
無暗障蔽故

唯識師：就好像一盞燈照亮週遭的黑暗一般，燈也如實的照亮自己。因此可以推論，如果燈不能照明自己，就不可能照亮週遭的東西。同樣地，心能夠意識其他的現象，也能夠意識自心。

中觀師：就世俗的觀點而言，一盞燈能照明自己的說法是不貼切的。爲什麼呢？因爲燈本身沒有黑暗的特質。假如黑暗是呈現的，它不會被驅散，但當燈一亮的時候，黑暗就消失了，因此說「燈火能自明」是沒有意義的。這個觀點在龍樹菩薩的《中論》③中有專節討論。

19

如晶青依他
物青不依他
如是亦得見
識依不依他

唯識師：例如，假使你把白色的水晶放在青色的襯底上，它就變成青色，它青色的外相需要依賴青色的素質。但是像天青石或是青琉璃本身就是青色的質地，就不需要依賴其他青色的素質。因此，就像這兩種依他或不依他的狀況一樣，有些意識需要依賴像是色等其他的境相，有些卻可向內自證不需要依他。

中觀師：決定色等境相是不是實有，不可或缺必須依賴正觀：如果某種境相可以依靠正觀理解，它就是存在的；如果不能，它就是不存在的。事實上「境相能依正觀所緣」是界定在它在外境上有一個依緣的基礎④。佛教各學派都同意這個觀點。

因此，如果沒有正觀來安立境相的存在，我們就不能主張那個境相是存在的。當某人主張有一個正觀的境相，例如一個色塵，他不能夠證明那個認知是建立在有一個對象的基礎上，他也不能主張那個色塵的實有是安立在被認知上。那將是拐彎抹角的推理。問題出在唯識師無法建立一個境相的實有，而正觀境的認知也只限於世俗理解的基礎上。要安立一個認知的正當性，必須借重另一個認知來證明，另一個認知的安立又必須建立在第三個認知的基礎上，如此追溯將永無止盡。這是一個謬誤的探討。

如此，唯識師談到自依，自證分，這個認知是安立在正觀的認知上。例如對於色相的視覺，亦即眼識，必須依賴一個色塵對象。但是另一種型態的認知像自證分，卻不必依賴對象：能見者和所見者並無不同。

20

非於非青性
而自成青性

中觀師：青琉璃的青綠是因緣聚合而成，並不是自我創造出來的。

21

謂燈能自明
乃因識了知
謂心能自明
是因誰了知

中觀師：根據分析，先前的意識不能了知當下的意識，因爲前識尚未生起當下的意識。後識亦不能了知已經生起或是早已過去的意識。當下的意識也不能同時是能知和所知。因此，如果說主張特定的境相⑤是透過分析而得，亦即心識是自明的話，它又是由哪個心識了知而說的呢？

22

若識皆不見
則明或不明
如石女孩媚
說彼亦無義

中觀師：能了知分析性對象的意識，我們主張沒有任何其他的心識能夠看見它，心識不能了知心識，則我們不能說它是明的或是不明的。就好像討論不孕婦女其女兒的嬌媚一樣，那根本就沒有意義。

唯識師：心性自明是有必要的，如前所述。爲了安立正觀的說法，這個主張是需要的。因此，我們認爲有自證分⑥。

23 若無自證分 心識怎憶念 心境相連故 能知如鼠毒

唯識師：爲了要憶念，必須先有一個經驗。沒有先驗不可能有憶念。經驗可以分成兩類：自證經驗和非自證經驗。如果是一個意識上的非自證經驗，亦即有一些其他實體的經驗，它可以無限的反覆。如果是自證經驗，亦即覺知實體和自覺的本質是一樣的。經驗必須是自證的，否則憶念不可能發生。例如，由於先前有看過藍色的經驗，之後才能回憶起藍色的對象，於是產生憶念的主體──「我看到藍色了」。因此，與客體的先前經驗結合，有一個自證的主體

——對藍色的視覺經驗。經過這樣的方式才可能發生之後「我看到藍色」的憶念。

中觀師：爲了要憶念，並不需要有先前的經驗。例如，我們不自覺的被一隻老鼠咬到而中毒，雖然我們知道有過被咬的經驗，卻沒有知覺毒物入侵體內的經驗。儘管當時沒有受毒的先驗，但稍後當毒性發作的時候還是會有感覺。回想起來當時並無知覺，但毒性還是注入了。

同樣地，由於有過藍色的概念，稍後碰到藍色的境相才能回想。但是當心境相對時，並不一定要有先驗的概念。憶念是如何升起的呢?當經驗另一個對象——藍色時，由於心境相連，憶念就產生了。因此並不需要先有一個主觀的經驗。

24

心通遠見他
近故心自明

然塗煉就藥
見瓶不見藥

唯識師：當獲得他心通者，能夠了知遠處他人的心念⑦。因此，一個人以自心見自心是有可能的。

了解此一主要論點，這是唯識論中有自證分的辯駁點。例如，一個人是可以透過禪修獲得他心通的⑧。這個討論是有關自我認知的心識。唯識師認爲，如果能了知遠方人的心識，自心見自心的論點就沒有瑕疵。

中觀師：一個人能看到遠方的東西，此一事實不代表他能看到近處的東西。例如，用一種明咒煉就特別的眼藥膏，可以看見遠方地下的寶藏，但是卻看不到眼前的藥膏⑨。就像這樣，根據我們所觀對象的認知能力，它是不可能自我認證的。當我們分析前念和後念，並試圖尋找一個特定的心識時，根本就找不到。以此觀之，唯識論點不攻自破，那不可能適用在現實世界中。

唯識師：你們中觀師能反駁整個認知的論述，包括對現象的經驗、眼見、聽聞嗎？如果你們是採取這樣的立場，就等於否定了覺知。

25

見聞與覺知
於此不遮除
此處所遮者
苦因執諦實

中觀師：有關認知意識，如果我們尋找一個特定對象，根本就找不到。但是像眼見耳聞等認知對象確實是世俗名言顯現，不能否定的。雖然它存在，如果以究竟義理分析去尋找，終究一無所得。因此如果以理性去尋找一個實有體，畢竟無法找到。但是以究竟理性分析找不到它，並不是單純地因爲它不存在。

這個以邏輯分析的形式含有拔除「實有觀念」的目的，執持萬法以爲實有是瞋恨與執著的根，爲個人帶來痛苦⑩。因此有必要做究竟的分析。假使認爲萬法是究竟實有，那麼事相會以它特有的樣貌顯現，即是自相有⑪。如果是這樣的情況，當我們對它做邏輯性的分析時，實有的東西應該如實呈現。如此分析的目的是檢驗它究竟是不是如實的顯現它實體的樣貌。如果是的話，它們應該可以透過分析被發現。但是經過這種分析所得到的結果是否定的，理性破除了究竟實有。理性分析找不到實有以及理性分析發現諸法非實有，兩者是有分別的。

此處要破除的不是認知意識，而是執持諸法實有的分別念，它是痛苦的因，那才是應該破除的。

26

幻境非心外
亦非全無異
若實怎非異
非異則無實

唯識師：因為幻境⑫並不存在，因此它們和心在實質上並無區別，但也非全然無異。色等幻境不實存，但也不是單純地不存在。它們在本質上和心沒有不同，但也不是心本身。

中觀師：如果幻境實有，它們應該會以所呈現的樣貌存在；在那種情況下，它們和心在實質上就有差異。現在，若心和境在實質上沒有差異，凡所有相⑬都是認知的本質，那麼外境就應該是虛假的。如此，認知在現實上就不存在了。如果心和境在實質上不相異，境相就不會存在。

27

幻境非實有
能見心亦然
輪迴依實法
否則如虛空

唯識師：色等幻境並非實有，亦即所見外相並不實存，就如幻象一般。然而，它們卻是可以看到的。

中觀師：同樣的，心是能觀者，亦非實有，它也可以視爲如幻的，因此沒有必要主張心是實存的。雖然外在的境相能顯，它們並非實存，也被視爲如幻的。同樣的，能觀的心也能顯，但非實存，因此它是如幻的。這樣的論證有謬誤嗎？

唯識師：輪迴、色蘊、遍計所執境⑭等等雖然體性無實有，但虛幻的外相必須依附實有。意即它們在現實上必須要有依附的基礎。如果缺乏這個基礎，它們勢必如虛空一般毫無作用，不會帶來利益也不會造成傷害。

28

無實若依實
云何有作用
汝心無助伴
應成獨一體

中觀師：假使輪迴等非實有⑮，它們虛幻的外相必須依附一個實有的基礎，那麼它們怎麼可能起作用呢？你們又說假使它們不依附一個實體，它們就不可能對有情眾生起束縛或解脫的作用。由於依附其中並不可能改變它非實有的事實，他們是不可能產生束縛和解脫的作用。

假使沒有外在的境相，如你們所主張，心將是沒有二元的助伴、沒有能所虛幻的外貌，它只是自明、自知的獨立體。

29

若心離所取　眾皆成如來　施設唯識義　究竟有何德

中觀師：如果心是離開能所二元的外境，亦即處於不二的禪定狀態，那麼一切有情眾生早都成如來了。由於對二元世界的厭離，他們都安住在實相的空間而早已經成佛了。

如果是那樣的情況，你們提出唯識論的觀點，以解脫痛苦煩惱的束縛，其意義何在呢？

註釋

①三界（three realms of existence, dhātu, khams）是指：欲界、色界、無色界。

②《勝鬘經》（*Crown Jewel Disccourse, Cūḍāmanisūtra, bTsug na rin po che's mdo*）。

③《中觀根本慧》又稱《中論》（*Fundamental Wisdom, Prajñāmūla, rTsa ba'i shes rab*）。

④gzhi grub。

⑤境相（designated object, btags don）。

⑥自證分（self-cognizing awareness, svasaṃvitti, rang rig）。

⑦開展這種悟境的方法可以參考佛音的《清淨道論》（Buddhaghosa: *The Path of Purification*, trans. Bhikkhu Ñṇamoli, Buddhist Publishing Society, Kandy, Sri Lanka, 1979, XIII, 8-12）。

⑧對於此一禪修方法的解釋請參考格西雷登《空的迴響》（Geshé Rabten: *Echoes of Voidness*, Wisdom Publications, London, 1983, pp.113-128）。

⑨以煉金術製造這種藥膏，在寂天菩薩的時代似乎是很普通的知識，當代的藏傳佛教徒也接受此種說法。

⑩這是佛教關於倫理和實相之間關係密切的無數說法之一。無明錯解了實相，被認爲是心的根本顛倒，它也是貪和瞋等煩惱的根源。這個心智的顛倒驅使人們製造惡行惡業，這則是衝突

和痛苦的根源。因此，佛教徒追求眞理不能不顧及倫理，一如西方的科學與哲學重視倫理一樣。

⑪自相有（exist by their own mode of existence, gnas lugs su grub pa）。

⑫幻境（external objects, bāhyārtha, phyi don）。

⑬凡所有相（manifold images, rnam pa）。

⑭遍計所執境（imputed entities, btags yod）。

⑮非實有（being unreal, abhāva, dngos med）。

3 中道之必要 The Necessity of the Centrist Path

了悟空性之必要（The Necessity of Realizing Emptiness）

30

雖知法如幻
豈能除煩惱
於彼幻化女
幻師亦生貪

現在作者回應外界對中觀論師的辯詰。

辯詰：你們中觀師主張諸法如幻，但是光靠開發智慧就能解脫煩惱痛苦嗎？就像魔術師也會對他所變幻出來的美女產生貪愛一樣，僅僅了知諸法如幻那是不夠的。

31

幻師於所知
未斷煩惱習
空性了悟淺
故見猶生貪

回應：魔術師因為看到幻女迷人的外表，由於沒有斷除執以為實有的煩惱習氣，因此緊執她以為實有，由是產生貪愛。雖然他知道該幻女是「空性」的，不是一個實實在在的女子，但是也會因她迷人的外表而產生貪愛。為什麼？因爲他仍然緊執著幻女以爲實有，這個導致他對幻女產生慾望。因此，對於幻女的空性智慧還沒有被深刻地開啓。

32

了悟空性見
必斷實有習
修空亦非實
復斷空性執

如果一個人藉著修習諸法無自性的空觀進而了悟空性，他非常嫻熟地了知，不斷的體驗，執取實有的串習就會因此斷除。

如果一個人了知色等諸法無自性，當境界現前的時候，它們將被視做是虛妄不實的。當他看到一個迷人的或是不迷人的現象時，貪愛或是厭惡之心生起，他能確切的了知它們並非實有——雖然外相上正好是相反的。此一了知可以削弱貪愛心和厭惡心的產生，這種執著是源於當境界起來時執持外相實有的觀念所致，這種妄見從無始以來就伴隨著我們。

首先，我們確定色等諸法空無自性。當我們了知此一空性，我們也察覺到空性的存在樣態。我們發覺到它並無自性，只是世俗名言上的存在而已。這就是空性的空相，空性本身也非實有。

我們觀察色等諸法的究竟本質，藉著了知它們確實空無自性，對它們產生渴愛和厭惡的心就減少了。接著觀察空性的本質，發覺它只有世俗名言的存在。此時產生的一個結果是，我們不認爲空性是實存的。當空性被確知之後，除了切斷諸法，心並不思維任何事情。心停止了純然確知無自性這一回事，它安住於空性的體驗之中，諸法也沒有了。此時沒有「這是空性」或「這是無自性」的念頭，只有空無自性的覺性。

33 當云皆無實 不得所觀法 無實離所依 如何住心前

當我們觀察一個現象決定它是否實有，會發覺它的實有性了不可得。此時，在心前呈現的除了諸法的空性之外一無所有。當此一了知減弱時，我們必須不斷地將無實有的論證帶到心前，以增強我們的覺照力。保持對諸法純粹空性的經驗是很重要的，也就是說確知諸法無自性。

34 當實無實法

悉不住心前
彼時無餘相
無緣最寂滅

這一節是有關聖道①的境界。藉著不斷開發空性覺觀，最後了悟諸法空相。首先他接受上師適當經論的教導，對於經典有基本的了解。這是透過聽聞產生的智慧（聞慧）。接著，經過耐心的觀照與反思，生起確定的感覺，了悟了諸法空無自性，這是透過反思產生的智慧（思慧）。

最後，為了對空性正見獲得圓滿的了悟，必須藉著禪修來實證②。當心初步穩定達到心一境性的境界時，未必能夠深廣而恆常的確認諸法空無自性的實相，因此必須借助於禪定的力量。透過禪觀空性，最後達到證悟的境界，此時對於諸法空性的認知是穩定而堅固的（修慧）。

這在解釋加行道③的時候會討論到。在加行道的四階段，二元的外觀變得逐漸微細。最後，在見道位時，亦即證悟空性的剎那，所有二元的外相——即使是最微細的，也都全部消失。接著，就像是水注入水中一般，一種沒有主客分別——能所俱泯的經驗發生了。

藉著開發這樣的經驗，最後在修道位時出現金剛喻定④。這種定境直接去除所知障，一切相智由是產生了。只要還未達到完全證悟的階段，當無念的、了悟空性的經驗發生的時候，所有概念式的思維都將平伏下來。但是當出定的時候，二元的觀念又浮現。然而當一切相智產生以後，所有概念式的思維都消失了，而且不復再現。此時無學道的特徵才升起。

35

摩尼如意樹
無心能滿願
因福與宿願
諸佛亦現身

雖然成佛以後不會產生一點概念性的分別心，但是由於弟子的福德因緣以及成就者利益衆生的願力，他的報身會化現在所有淨土與穢土世界⑤，藉著他的願力不費力地在各處化現佛身，就像摩尼寶珠和如意樹一樣，它無心卻能滿衆生的願。

36

如人修鵬塔
塔成彼即逝
雖逝經久遠
能消現前毒

例如，過去修大鵬金翅鳥明咒的婆羅門，他用施過咒的石頭修了一座塔，凡中了毒、魔的人只要誠心繞塔即可痊癒。如今婆羅門已經去世很久了，但只要誠心在塔前祈求，一樣可以消毒降魔⑥。

37

隨順菩提行
圓成正覺塔
菩薩雖入滅
能成利生事

同樣的，當成佛者的正覺塔已經修成之後，雖然他已經去世久遠，隨著他的菩薩行，一樣能夠輕易的達到利益眾生的效益。

38

供養無心者
云何能得果
駐世或涅槃

經說同等故

成佛以後完全沒有概念式的分別心，供養他又怎麼可能獲得福報呢？因爲經中說到，不管這個佛仍舊駐世還是已經入涅槃，供養他或是禮拜他的遺物，福德是一樣的。

39

供以真俗心
經說皆有福
如供時有佛
亦能得果報

中觀師：我們認爲供養佛的福德，僅是世俗名言而已。你們唯識師卻主張這樣的福德是實有的。這樣也可以，我們也同意供養一位駐世佛與供養一位涅槃佛的舍利，其福德是一樣的。例如，你們相信供養一位實在的佛可以得福報，我們相信供養如幻的佛可以得到如幻的果報。我們同意這樣的供養能得福報⑦。

40 見諦即解脫 何須見空性 般若經中說 無慧無菩提

寂天前述主張，要了悟空性必須停止執取實有。以下是辯詰的意見。

辯詰：爲了要成佛，必須了悟空性。但是如果僅爲了解脫輪迴痛苦，了悟空性是沒有必要的。只要修四聖諦十六行相，就能夠息滅因爲我執、我慢所帶來的痛苦煩惱。藉著降服煩惱他可以得到解脫，因此沒有必要禪修空性。

而且，解脫道中也認爲，空性見已經包含在四聖諦的十六行相裡頭，至於其他的行相則是加行道。禪觀空性與無我事實上已經包含在十六行相的修行中⑧，那樣就可以解脫了。因此何必還要另外禪修空性見呢？

回應：在佛陀所宣說的許多了義經中談到，如果你緊緊執取事相，沒有具足空性見的話，不算解脫。悟道的每一個階段，從預流果到阿羅漢⑨，都需要了悟空性。那些經中陳述，人們如果要步履聲聞地、獨覺地或是菩薩地，都必須要修般若空慧。因此，成正等正覺的三菩提如果沒有般若波羅蜜是不可能的。

41

大乘若不成
汝教如何成
二皆許此故
汝初亦不許

辯詰：前面所引述的大乘經典，我們懷疑它到底是不是佛陀所說。因此你們不能藉著引述經典作爲論證的依據，它們的確實性是有疑義的。

回應：如果你們否認大乘經典是佛說，你們又如何確立小乘四部論典是佛說⑩？

辯詰：小乘經典的正確性是無疑義的，因爲不管是大乘行者還是小乘行者都同意這點。你們大乘行者相信大乘經典的正確性，但我們卻不相信。而小乘經典爲佛說卻是毫無疑義的。

回應：當你剛出生的時候，你還沒開始相信小乘佛典，這麼說來，小乘佛典也都是不正確的嘍？

42

以何緣信彼
大乘亦復然
二許若成眞
吠陀亦是眞

佛陀說法建立法教的標準有：㈠修戒學見律藏，㈡修定學見經藏，㈢修慧學見論藏。這個標準同樣適用於大乘經典。如果以爲兩個宗派有相同主張就認定你們小乘經典是佛所說、是毫無疑義的話，那麼像四部吠陀有好幾個宗派認同，也應該是眞理嘍？

43

大乘有諍故
汝經外道諍
自他於他教
有諍悉應捨

因爲小乘行者的質疑，一般人可能會以爲大乘經典有問題，這眞是可憐的人。所有小乘經典的正確性也是有些人接受、有些人不接受。況且，外道⑪並不相信佛教經典。因此小乘經典也是有爭論的，更何況小乘部派之間也有不同意見。

大乘經典非佛說的爭論並不是當代才發生的事件，這個爭論在寂天菩薩的著作、龍樹菩薩的《寶鬘論》⑫以及彌勒菩薩的《大乘莊嚴經論》⑬都可以找到。大乘經典有爭論的事實是可以理解的。大乘經中討論到許多不可思議的神通境界就不是一般常人所能斗量的。當我們無法理解這些說法，我們就會懷疑它的正當性。

然而，如果僅僅小乘是佛說而大乘非是，那麼佛教的修行之道將因為大乘的缺席而貧乏。再者，如果大乘經典非佛說，人們將會問：如果僅藉著小乘的三十七道品⑭是不是有可能達到全知甚至成佛的境界？即使是小乘經典也承認修道有分聲聞地、獨覺地和菩薩地⑮。如果沒有大乘經典，我們該如何行菩薩道呢？如何去體會一個佛的覺醒經驗呢？僅僅靠小乘經典將會非常的困難。

更重要的，只靠小乘經典我們無法證入涅槃，也無法了悟空性。沒有了悟空性，就不可能證入涅槃。如此，滅諦——「苦的息止」只是淪為空談。因此，大乘的正當性如果沒有確立，小乘的正當性就不可能被承認。

一般都熟知佛教傳統對於佛陀所說法有三次大的集結。第一次的集結是編成佛說的三藏教典⑯，其中沒有大乘經典的編輯。在著名的、早期的歷史紀錄中，並沒有提到大乘，這就難免起諍，但我不認爲這是問題。

正史上的佛陀在印度廣泛而著名的教示都是小乘法。但是除了這些，我相信他對少數戒行清淨⑰的聖衆說大乘法。例如，佛陀時代印度的靈鷲山並不是那麼的遼闊，現在看來也是這麼小小一方，或許那時候也只有現在這麼一點大。然而在大乘經典中有許多是佛陀在靈鷲山所說的法，有數千的阿羅漢以及數萬的菩薩在現場聽法。似乎那兒沒有這麼大的空間舉辦這樣多人的集會，更別說在此聖會中的天人衆了，他們有微細身，否則在那小小的山峰不可能容納這麼多人。因此我不認爲他們是以我們能理解的方式在那兒集會。

當佛陀在靈鷲山宣說大乘法時，只有戒行清淨的聖弟子能夠聽聞，那個場所對他們而言是既寬又廣。佛陀並沒有對一般人宣說大乘法，他們無福消受。他最公開而知名的講道是有一些聲聞弟子的出席，像是舍利弗和目犍連。在佛陀的弟子中達到戒行清淨的有彌勒、文殊等，菩薩是以天人的形象示現。佛陀對這些弟子宣說大乘法時是有菩薩和聲聞聖衆的出席。

此外，還有少數行爲極清淨的弟子，佛陀給予密續教示⑱。對於這些弟子，佛陀以本尊身示現於壇城之中，入於不二與實相⑲的甚深禪定中。但是在壇城的主尊佛陀示現的是比丘相。進入更淨行境的弟子，佛陀教導更微細的密法，藉著修習這些無上的善巧與智慧，弟子們了悟不二的究竟實相。此時，佛陀放下比丘身示現瓔珞莊嚴的本尊身或是轉輪聖王相⑳，對於這些弟子而言並無障礙。佛陀的這種示現對他們來說是意義重大的。

以粗糙的心識想要轉識成智是不可能的。只有微細的心識才有可能轉化。爲此佛陀教導弟子們將心識集中在人體微細構造的脈、氣、明點上㉑，這個教法是給最清淨的弟子。

因此，對於那些逐漸淨化、精進、稀少的弟子，佛陀給予更微細的密法指導。看來這些教法都包含在大乘經典之中。然而，如果說所有的密續教示都是佛陀在世時所教導的，這是不確實的。對極少數清淨弟子，佛陀在今天都可能示現。他們可能會見到金剛持——密續的法王，對他們展示密續和精粹的法教。即使歷史上的佛陀已經圓寂了兩千五百年，這種示現是有可能的。在佛陀死後沒有人能夠取代佛陀說法，但我認爲教導那些戒行清淨的弟子，佛陀不一定要在世的時候。這是我個人的觀點。

今天有些人反對用「大乘」、「小乘」的名詞，他們認爲後者被視爲是「較小的乘」，含有輕視和貶抑的味道，這是佛教徒之間起諍的主要源頭。這倒是個值得考慮的問題。「較大的乘」和「較小的乘」它們的區別不是要拿來輕蔑對方的。大乘的行者也必須修習小乘的法教。大小乘的區別是因爲他們呈現了幾個不同點：㈠修行的根基，㈡修行的發心，㈢證悟的程度。因此，這個名相不是爲了輕視對方或是分宗別派而產生。雖然它用起來變得有點不自在，基本上這個名相沒有什麼不對。因爲這個理由，有些人主張乾脆去除掉它。

並不是我們發明這兩個名詞，在一些印度一流的佛教巨著中都可以發現到，在大乘經典中佛陀自己有時候也用它。如果認爲此二分法有謬誤，那也不是現在我們的錯，如果是這樣的話，勿寧是那些一流佛教論師的謬誤或是佛陀本人的分別心了。因此，我不主張把這兩個名詞給去除掉。

有些人建議用「聲聞乘」、「獨覺乘」、「菩薩乘」，這些名詞在小乘經典中可以找到，又與大乘經典一致。因此，我們可以用這三個名詞取代大小乘，就不會遭致前述的責難了。

44

聖僧為教本
聖僧亦難住
心有所緣者
亦難住涅槃

現在開始進行大乘眞確性的邏輯論證。如大乘經典所言，沒有空性智慧不可能獲得三藐三菩提。有些人認爲聖教的根本比丘是阿羅漢，寂天菩薩回應：那些比丘如果沒有證解空性見，他們就不是阿羅漢。爲什麼？因爲他們沒有了悟空性，思惑煩惱沒有去除；只要還有思惑煩惱就不是阿羅漢。因此聖教的根本不是阿羅漢。

簡言之，如果心識還有所緣，執持實有，就不可能證涅槃。

45

斷惑即解脫
彼無間亦爾
彼等雖無惑
猶見業作用

小乘：那些聖比丘確實是阿羅漢，透過修行阿毗達摩論中的四聖諦十六行相，是可以斷除見思惑，由於斷除見思惑，他們得到解脫㉒。

中觀師：這不對。你們主張在微細狀態下的心識仍然執持萬法以為實有，認為這是實相，你們在根本上假設萬法是實存的。你們相信以諸法呈現的樣態去理解它們是眞切的，亦即諸法實有。你們解釋像貪瞋等見思惑是導因於我慢和我執所致。那些見思惑等煩惱的心識是遠比執著諸法實有所產生的煩惱粗糙。依照阿毗達摩的解釋，只斷除見思惑可以暫時息止煩惱現行。但這不足以成爲阿羅漢。

因爲那些粗糙的煩惱在特殊的狀況下被隔離，它們無法升起。然而，微細的貪念和瞋心會因爲微細的執著實有而升起，不會暫時被壓制下來。它們造作起用，結果就因爲貪愛和執著而累積染污的業行。這種染污的業力，以理性的分析或是在經典中都可以發現到。

今天在緬甸仍有少數的修行人被認爲是阿羅漢，我無法估量他們證悟的程度，但我認爲他們已經能夠暫時壓制見思二惑的細行，一如阿毗達摩所解釋的。一個結果就是，粗糙的貪愛和瞋心不會升起，因爲如此，他們被浮泛的認爲是阿羅漢。如果他們證解微細的空性，他們就確實是阿羅漢了。若非如此，他們僅僅是阿毗達摩所描述的阿羅漢。但是以中觀論者的觀點，只要還執著諸法實有就有微細惑，就不是阿羅漢。

46

若謂無愛取
故定無後有
此非染污愛
如痴云何無

你們小乘主張執取身心五蘊的貪愛煩惱已經息滅，但是如阿毗達摩所描述的，雖然貪愛已經不再顯現，但是因爲法執使得微細的貪愛沒有息滅，它仍舊是一個思惑煩惱。

根據你們分別說部系統的論點，有兩類的痴：一是見思惑，一者不是。同樣的，有一種微細的貪愛是你們無法認知的，它是一種微細煩惱。

47

因受緣生愛
彼等亦有愛
心識有所緣
受仍住其中

如果因爲執持實有而產生覺受，貪愛就會升起。簡單陳述：只要我們執著現象實有，心識仍有所依緣，貪愛等煩惱就會繼續升起。

48

若無空性見
已滅將復生
猶如無想定

故應修空觀

只要沒有證得空性正見，煩惱心所的活動雖然可能暫時停止，但遇到適當條件的時候，它們仍會升起。就像進如無想定的狀態㉓，粗糙的見思煩惱暫時不會顯現，但是當碰到適當的環境時還是會再升起。因此，只要沒有了悟空性、息止微細的法執，即使粗糙的煩惱能夠暫時壓伏，碰到適當的條件時仍然會升起。所以，想要斷斷煩惱必須要修空性見。

49

若語入經藏
即許為佛說
三藏大乘教
云何汝不許

有人認爲自此以下三頌不是寂天菩薩所造，因爲它們的次序不順暢，而且有點辱慢大迦葉尊者㉔。如果這三頌屬於此論，也應該出現在44頌之後，放在大乘經典是佛說的文末。

不論如何，這首偈頌的觀點是說，由於大部分的大乘經典與小乘經典類似，大乘經典應該被承認是佛說。

50

若因不解一
一切皆有過
則當以一同
豈非皆佛說

如果只是因爲宣說諸法空性不屬於聲聞乘之經典這一項原因，就認爲整個大乘經典非佛說；那麼我們也同樣可以主張，只要有一項與小乘經典相同，一切大乘法都是佛說。

51

諸聖大迦葉
佛語未盡測
誰因汝不解
廢持大乘教

就一般外觀而論，大迦葉尊者和其他的聖衆弟子不能完全揣測大乘經典，誰敢說只因爲你不懂它就不能接受它？

52

為度愚苦眾
菩薩離貪懼
悲智住輪迴
此即空性果

一個人若了悟空性就不會因爲執著或煩惱業習而在生死輪迴中流轉，他也不會因爲害怕輪迴而掉入尋求極端寂滅的境界。一個人如何能永恆的滿衆生的願呢？作者說了，那就只有靠空性智慧。

一個人必須結合覺醒的心性和智慧的禪修，就是了悟空性。以這種方式，由於智慧故，不會住於輪迴，由於慈悲故，不會住於涅槃。因爲這兩項特質，才有可能生生世世的爲衆生服務。這也顯示了大悲心是了悟空性的一個成果。

53

不應妄破除
如上空性理
是故莫生疑
如理修空性

因爲空性無法辯駁，因此，無疑的，必須修習空性見。

54

空性能對治
煩惱所知障
欲速成佛者
何不修空性

對治煩惱障和所知障的黑暗，只有靠證悟空性。果眞如此，那些想成佛者何不趕快去開啓空性智慧呢？

55

執實能生苦
於彼應生懼
空性能息苦
云何起怖畏

如前述所解釋的，執持實有將會升起貪愛和瞋恨的染著。我們必須對此執著感到害怕才是，因爲它產生痛苦。但是害怕空性卻是不合理的，因爲它正是對治這個執著，讓我們息止痛苦的法門。

56

實我若稍存
於物則有懼
既無少分我
是誰生畏懼

如果在自性上有一個實我存在，當恐懼的時候會緊緊抓著我不放，貪愛和瞋恨也因此產生。一般人當他經驗恐懼時，會緊緊執著於自我，心想：「可憐的我！」但是如果沒有這個我，還有誰在經驗恐懼呢？

註釋

①聖道（Path of Superior Beings, āryamārga, 'phags lam）。

②修定（samādhi, ting nge 'dzin）。

③加行道（Path of Preparation），參考頌1註釋⑤。

④金剛喻定（vajropamasamādhi, rdo vje lta bu'i ting nge 'dzin）。

⑤穢土（impure realms）是由於煩惱染污業行的力量而化現的。根據佛教的宇宙論，有情衆生所處的五趣雜居地是由於衆生前世的業行而產生的。而淨土（pure realm）則是由諸佛菩薩的願力而化現，它並沒有被煩惱與顚倒的業行所染污。

⑥寂天參考了這麼奇特的「醫塔」資料，似乎在他所處的時代這種觀念普遍被接受。那時候的古印度文明因爲靈修發達而放棄「巫術」。往後的世紀由於西方文明對古印度文明的衝擊，這種知識逐漸衰微。

⑦唯識論者看待諸法的因果關係相信它們是眞實有、名言獨立的實有。如果它們是依靠這種名言，如何能互相作用呢？中觀論者回應，如果諸法實有，它們將恆常不變而且互相孤立隔絕。每個實體都將具生擁有自己的特性，而且將會永久的存在。這將阻止諸法因果互動的可能性。簡言之，中觀論者由此推斷：因爲諸法非實有，因果律才有可能成立。

⑧有許多方式說明四聖諦十六行相出現的無我和空性的意義。其中一個解釋認爲無我是沒有一個自給的、實在的我（I），至於空性就是沒有一個自給的、實在的「我所」（my）和「我所有」（mine）。比較概略的解釋沒有「我」、「我所」和「我所有」，是就個人認同其不變的、獨立的、單一的特質而言。

⑨這四個階段是：⑴入流（Stream-Enterer），⑵一來（Once-Returner），⑶不來（Non-Returner），⑷阿羅漢（Arhat）。根據小乘經典對此四階的解釋請參考瑪哈希拉《禪修的理論與實證》（Paravahera Vajirañaṇa Mahāthera: *Buddhist Meditation in Theory and Practice,* Buddhist Missionary Society, Jalan Berhala, Kuala Lumpur, Malaysia, 1975, ch.30）。

⑩大小乘的差異請參考《密續的特色》pp.93-102。

⑪外道（non-buddhist, tīrthika, mu stegs pa）。

⑫《寶鬘論》（*Jewel Garland, Ratnāvalī, dBu ma rin chen phreng ba*）。

⑬《大乘莊嚴經論》（*Ornament for the Sutras, Sūtrālaṃkāra, mDo sde rgyan*）。

⑭見佛音的《清淨道論》XXII 33-43。

⑮同前註 III 128, IV 55, XIII 16。

⑯三藏（three baskets）是⑴律藏（Vinaya），關於道德規範；⑵經藏（Surta），關於禪定的訓練和其他有關覺悟的面向；⑶論藏（Abhidharma），關於心理學和宇宙論等不同主題的析論。進一步的解釋請參考《慧眼初開》pp.47-52。

⑰淨行（pure in action, las dag）。

⑱密續的簡介請參考《慧眼初開》 pp.95-105。

⑲不二實相（non-duality, zab gsal gnyis med）。

⑳轉輪聖王（World Monarch, cakravartirājā, 'khor los bsgyur ba'i rgyal po）是佛經中談到某種正直

的國王，統領著四方世界。

㉑拉提仁波切和傑佛瑞・霍普金斯所著《死亡、中陰與再生》（*Death, Intermediate State and Rebirth,* Snow Lion Publications, Ithaca, New York, 1985）有解釋。也可參考格西給桑・嘉措所著《大樂淨光》（Geshe Kelsang Gyatso: *Clear Light of Bliss,* Wisdom Publications, London, 1982, pp.17-32）。

㉒有關小乘分別有部的理論請參考史卻巴斯基的《佛教中心思想》（Th. Stcherbatsky: *The Central Conception of Buddhism,* Motilal Banarsidass, Delhi, India, 1974, pp.76-91）。

㉓無想定（non-conscious meditative equipoise, asaṃjñisamāpatti, 'du shes med pa'i snyoms 'jug）。

㉔瓦德雅（P. L.Vaidya）編的梵文本中沒有49、50、51頌，雖然在其他的梵文本和藏文譯本可以見到。

無我

Identitylessness

4 人無我
Personal Identitylessness

破俱生我執（Refutation of an Intrinsic "I"）

接著要闡釋人無我①。針對這點我們在前面中觀師的論述已經探討過空性，它顯示了這是空性中最深奧的理論。唯識師主張法無我②，但他們只認爲外在對象不存在。他們是這樣解釋法無我的：「色相無法藉著色的觀念自證其存在」，這種說法不足以確證微細的空性，也就是說無法通達諸法空無自性。因此，唯識師主張的空是可以辯駁的。

接著寂天菩薩論證了悟空性的必要性，不管他是聲聞乘、獨覺乘還是菩薩乘，這種洞見被認爲是成佛之母。

在實修空性方面，有關究竟實相可以區分爲人無我和法無我兩種型態。在微細的層面上這兩者是沒有區別的。在此先討論人無我，因爲有關人的空無自性要比法的空無自性容易確證。

當我們說一個人沒有自我③，無我特徵的基礎是指那個人，關鍵是這個人沒有自性的我。爲了要確認無我，我們必須先認知自身、自我。如果它的影像在心識中無法清晰呈現，藉著經典或是理性分析，我們是無法領會它的非實有④。

作夢的時候，各式各樣的事物都會進到心識之中，但是除了影像之外什麼也沒有。同樣的，魔術師可以變化出各種幻象，但它們在客觀上並不存在。同樣的，自己、他人、輪迴、解脫等所有的現象只是藉著心識的力量和境相而存在。從名相⑤的角度來看他們是無法獨立存在的。透過心識的力量和境相它們呈現的影像是：由於我們從無始以來的無明習氣，不管是好的或是壞的事物，透過我們的六識⑥呈現，實際上它們並不實有。所有的現象都是因爲有染污而顯現。那個存在的樣貌與虛妄的影像一致。因此，用經典或是理性分析將毫無用處。

從現象本身的角度看來，呈現在我們眼前不論是好的或是壞的事物的確存在，它們是如何存在的？如果它們在客觀上是存在的，我們就檢視其名言的成分，可以清楚指出它就在那兒，由此看出它是否確實存在。舉自然界的某一個對象爲例，我們檢視其形狀、顏色等，看看是否能找出它的特徵。如果拿人來做例子，檢視其稱名爲人的成分，亦即個別的五蘊，我們發現五蘊之中沒有我。在這種情況下，我們了知經過檢視以後找不到一個遍計所執的對象⑦。

接著我們檢視事物如何在心中呈現，我們看到它們似乎在客觀上存在，不必依靠其他的東西。但是當我們分析並試著尋找它時，根本就找不到。它們是存在，因爲可以對人們造成利益或傷害。但仔細分解它們存在的樣態，本質上根本就沒有一個客觀存在的對象。因此，它們是因爲主觀習俗的力量、周遍計度的力量而存在。

當我們細思實有的本質，經過分析性的檢視發覺現象並不存在。它們只是藉著依習成俗、概念式的名相而存在，但又不能否認它們存在。只要它們不獨立自存，它們必定是藉著主觀的習俗而存在，兩者沒有商量的餘地。一個現象的存在是因爲它被如此命名的緣故。

首先我們必須了解它，接著看它是如何在心中呈現。我們必須交替運用上述的分析方式和檢視現象存在的樣貌。如果我們整合兩個方法，最後不管是什麼呈現在心中，似乎都會被認知是客觀上的存在，而非名相上的存在。這個影像的樣貌，隨著對它的辯駁，將清楚的被確認。當我們以理性去辯駁它的實存時，發覺與它的樣貌一致，這相當有幫助。

現在，不管是什麼現象呈現在我們眼前，似乎是客觀上存在，好像它就在那兒可以用手指出來。當我們說：「這個存在，那個存在」時，手指著這裡和那裡，它就客觀的呈現在那兒，不必依緣於任何其他的東西，它們似乎是獨立存在。當我們說「無我」時，「自我」就以那種方式存在。「俱生有」與「自性有」、「實有」有相同的意思。因爲現象無實有，諸法皆不實有，它們並非自性存在或是獨立存在。它們是無我的⑧。

如同龍樹菩薩在《寶鬘論》中所說，不可否認人是存在的，一個自我，他從事業行，經驗業果，他是輪迴與解脫的代理人。的確有一個「我」依緣著身與心而存在著。如果我們檢視自我是如何存在的，不要毫不加批判的只滿足於自我的外相，我們看一看名相背後的五蘊。我們在「地大」（身體中堅固的成分）、「水大」（身體中的液體成分）等等，檢查是否能找到這個人，經過檢視，自我並不在地、水、火、風、空、識等六大元素裡頭，或是它們的組合體之中。在身體任何的構造中，沒有一個可以認同爲「自我」的。再者，五蘊之中也沒有一樣是自我的本質；如果有，也與它們無關。我們不會這樣來表達自我說：「我的五蘊」、「我的身」，或是「我的心」。

但自我的確存在，而它的定位必是身心的組合體。離開身心自我就不存在。然而，不管是身、心、五蘊，或是它們的組合、或是它們共有的連續體、或是個別的連續體，都不能被認定是自我。

一些偉大的思想家，像是清辨（Bhāvaviveka），認爲心意識就是「我」。但是如果我們邏輯性的分析它，並把「我」這個字當作是心，如此可能產生一個印象，當我們說「我的心」時，會視同「心的心」。這會錯誤的將行爲者和行爲視爲等同。因此，心意識不能當成是自我。簡言之，不論是身體的地水火風四大元素，或是空、識，都不可能找到自我。一個覺者乃至一般人都不會以這些元素來認定自我，未來也不可能找到自我。

然而，自我是存在的，但它的定位除了諸蘊之外什麼也沒有。如果個別的檢視這些組合元素，沒有一個可以被認定是「我」。因此，自我只能是概念式的名言說是身心組合體。而當它在心中出現的時候，它似乎不只是概念式名言的諸蘊組合，而是客觀存在的呈現。

57

齒髮甲非我
我非骨及血
非涎非涕淚
非膿非膽汁

牙齒、頭髮和指甲不是我，骨頭、血液、黏液、痰、膿和血清都不是我。

58

非脂亦非汗
非肺亦非肝
我非餘內臟
亦非屎與尿

體內的脂肪不是我，汗也不是我。肝和內臟不是我，我也不是屎或尿。

59

肉與皮非我
氣暖亦非我
百竅亦復然
六識皆非我

肌肉和皮膚都不是我，氣脈和體溫也不是我。身體的竅門不是我，六識也沒有一樣是我。

如果自我確實如它所呈現的相貌而存在，當我們逐一檢視其組成的時候，應該可以認定才是。但是以上述的偈頌看來，身體上的每一部份包括四大元素、空、六識都無法認定是我。這意味著呈現在心中經驗喜樂和悲傷的自我，好像獨立而存在，事實上並不存在。這是經過逐一檢視身體構造而確認的。

破數論派的我（Refutation of the Samkhya Theory of Self）

60

聲識若是常
一切時應聞
若無所知聲
何理稱為識

在印度早期有一些外道哲學，包括數論派、耆那教、吠陀派等等，我不知道這些教派如今是否都還在。其中數論派系統是比較深奧的。以下是針對數論派的神我論⑨做辯駁。

中觀師：如果主張人是具有意識的覺性，能體驗聲音等等，這覺識是恆常的實有法、不能分割的，那麼不管是有聲境還是無聲境，任何時刻他都應該聽到聲音才是。因此，主張覺識是恆常的應該是錯誤的。因爲如果對聲音的覺識恆在，他應該隨時都聽得到聲音。相反的，如果沒有作爲認知對象的聲音，憑什麼說有覺識能聽到聲音呢？如果沒有被認知的對象，就沒有認知的覺識。

61

無知若能識
則樹亦能識
是故應確知
無境則無識

中觀師：如果，即使在沒有聲音的時候覺識仍然在，亦即沒有了知聲境的作用，卻還有了知的意識，那麼樹木也應該有覺識。因此，如果沒有聲音出現，了知聲境的覺識也應該沒有。

62

若謂彼知色
彼時何不聞
若謂聲不近
則亦無彼識

中觀師：因爲聲識是隨著聲音而產生，當沒有聲音的時候，聲識亦無從安立。根據數論派的說法，人就是覺識而且是恆常的。如果他恆常聽到聲音，就應該沒有聽不到聲音的時候。所以當他了知色相時，那時沒有聲音出現，他也應該聽到聲音呀。

數論師：在此情況下覺識知色，因爲沒有聲音，所以沒有聲識。

中觀師：那正好反駁你們認爲覺識是恆常的主張。如果它在某一個時間存在，其他時間又不存在，你就不能主張一個永恆的人（你們認爲人是恆常的覺識）是存在的。

63 聞聲自性者　云何成眼識　一人成父子　假名非真實

中觀師：一個本來具有聽聞聲音性質的耳識，怎麼可能變成另外一個有視覺作用的眼識？這兩者是不可能相同的。

數論師：這與「起用」⑩和「體性」⑪有關，當我們識取色相時，雖然聲識的起用性沒有作用了，但是聲識的體性仍在。因此當你在看色相時，你仍然是聲識的體性，這並不相矛盾。這就好像我們看這個人，他既是他父親的兒子，又是他兒子的父親一樣，看你所持的角度如何而定。

中觀師：我們可以假名這個人是父親也是兒子，但這只是世俗觀待的名言。事實上，一個人在體性上不可能同時是父親又是兒子，如數論派或其他哲學系統所言，父子基體相同的假定是不可能成立的。

64

喜憂闇三德
非子亦非父
彼無聞聲性
不見彼性故

數論師：「sattva」⑫意思是「喜」，「rajas」的意思是「憂」⑬，「tamas」⑭意思是「闇」⑮。這三德⑯平衡形成宇宙的主宰⑰，這就是現象的本體⑱，也被視為是究竟實相⑲。這究竟體性在現象世界是看不到的，而看得到的現象都被視為是如幻的或是虛妄的。因此，體性在兒子的情況下不是兒子，在父親的情況下也不是父親⑳。

再者，能見到色相的眼識不可能當作是能聽聞聲相的耳識，也就是說，它們是不同的。

65

如藝人易妝
是識即非常
異樣若為一
彼一未曾有

數論師：就像演員扮演不同的角色一樣，先前聽聞聲音，之後了知色相，境雖不同，體性卻是一。

中觀師：如果一個體性呈現出多種不同的形式，你就不能說它是恆常的。一個永恆的體性你說它與不斷變易的東西是同一的，這是前所未有的。不可能有一個恆常的自性能不斷變化成各種形式。這樣的現象就不是眞實的。

66

異樣若非真
自性復何為
若謂即是識
眾生應成一

中觀師：如果你們主張異樣的境相是虛幻的，只有體性是實有的，那麼請你告訴我那個俱生的自性是什麼呢？如果你們主張心識是實有的自性，那麼所有衆生都應該成爲一個了。因爲所有不同連續體的衆生卻有共同的自性，那它們必然是都一樣了。

67

心無心亦一
同為常有故
個別是妄時
何為共同一

中觀師：如你們所說，由於自性相同故，所有的現象都相同，那麼不管是有心還是無心都應該相同，因爲它們都是常有。如果主要的、個別的變異像是眼識或耳識，是虛幻不實的，那麼假象共同的依據——也就是實有的自性，又怎麼會是同一個呢？

破分別論的我（Refutation of the Nyaya Theory of the Self）

68

無心亦非我
無心故如瓶
謂合有心故
無知應破滅

分別論師：我們否認無心自性的實我。我們主張的是，人有一個不變的、不可分的、普遍的物質實體㉑，它無心但能經驗現象世界並從事各種活動。這個實體是我㉒。

中觀師：一個無心識的物質實體，因爲沒有意識，它不可能體會自我的經驗，就像是瓶子等等無生物一樣。

分別論師：雖然自我是無意識的物質實體，但是它天生具有意識，能夠了知外在的經驗世界。

中觀師：有心意識變成自我的本質的時候，先前無心的自我就破滅了。在那種情況下，它就不是一個不變的實體。

69

若我無變異
心於彼何為
無知復無用
虛空亦成我

中觀師：如果自我是不變的、不可分的、普遍的，那麼心識對於此物質實體又有什麼作用呢？再者，因爲你們主張自我是物質本體，沒有心識，同時也與作用脫離，那麼虛空也可以當作是我。

斷無我之諍（Rebuttal of Arguments Against Identitylessness）

70

若我非實有
業果繫非理
業作已既滅
誰復受果報

作者前面辯駁的是沒有一個實我，這個實我就是一般都執眞常以爲有的想法。接著他破唯理的、外道的自我論，他們把我當作是恆常的、不可分的、有獨立性的㉓。現在他對中觀的無我論提出反駁。

辯詰：如果沒有一個眞實的我存在，那你主張業與果的聯繫關係就不存在了。爲什麼呢？因爲你在造業的時候和受果報的時候不是同時的。假如他在是人身的時候造了一個業，他不可能在非人身的時候受到果報。因此，如果一個我有同樣的自性卻不被兩個先後身所共同承認，因爲他們有不同的身和心（分屬於前後身），因此業和果之間就沒有關係了。

前身的身心組合體所造作的業已經消失了；當業果成熟時，後身的身心組合已經形成。這個業果到底是由誰來承受呢？

71

作者受者異
與我無作用
汝我皆共許
諍豈非無義

回應：今生造業的這個人和後世受報的這個人，在不同的時間存在而且也是不同的本性。我們兩者都同意這樣的觀點，我們都不相信受報的我是造業的我。因此這項爭論沒有交鋒。

72

因時見有果
此見不可能
依一相續故
作者即受者

在造因的那一刻，不可能同時受到果報。「我」是安立在心識相續的名言上。在這種情況下我們可以說：「我前世造的業，今生受到果報。」

昨天的我和今天的我是不同的。昨天的我已經過去了，今天的我全新的生起，但他們是相同的延續體。因此這樣說也對：「今天我受到的果報，是因爲昨天我造下的業。」

73

過去未來心
俱無故非我
今心若是我
彼滅亦無我

如果自我是安立在名言上的心識連續體，我們很可能會問：心識就是自我嘍？答案是否定的。過去心和未來心都不是我，因爲它們現在都不存在。過去已經停止了，未來還沒有發生。概略的說，從一般世俗的眼光，可以說清楚過去現在和未來。但是更正確地，如果區別過去和未來可以用個別的前後時間分辨，前面的時間屬於過去，後面的時間屬於未來。但是現在你就沒有辦法找到㉔，因爲你說現在時它已經過去了。因此，現在心也不是我，因爲只要它已經過去，自我就不存在了。

74

猶如芭蕉樹
剝析無所有
如是以慧觀
覓我見非實

如《寶鬘論》所說，如果我們剖析芭蕉樹幹，發現它並沒有實心，找不到它的本體。同樣的，如果我們尋覓自我，也會發現沒有一個實在的我。

75

有情若非有
於誰起悲憫
為果而承認
因痴捏造者

辯詰：當我們尋找假名的對象，找不到一個叫做自我的東西。「自我」、「人們」、「個人」是同義的，但以這樣命名的實體是無從確認的。一個開啓慈悲心的人會省思：「人們希望離苦得樂，但他們還在痛苦之中。願他們早日解脫煩惱！」但是如果說被悲憫的對象不眞實存在，那麼被悲憫的對象又是誰呢？

回應：如《寶鬘論》所說，由於無明的原因，造了染污的業行，善果和惡果隨之而來。無明是無從否認的，因爲它產生了善與惡的果。有情衆生卻無法透過分析得到確認，但是沒有這樣的檢視，他們一樣很明顯的從事業行並且受到善惡果報。我們可能承認這個果報是來自於無明，但是我們並不敢斷言衆生是實有的。他們僅僅是因爲世俗名言的力量而存在，這無須檢視或分析。「虛妄」指的是上述的無明，而不是執著於實有。而且，虛妄是普遍性的一種假想，不必透過分析和檢驗。

有情衆生的確存在，他給予幫助、也遭受痛苦。說他們僅僅是世俗名言的存在，這是指經過分析之後找不到有一個我，因此他們在究竟上或是事實上並不實有；但是他們卻託世俗的力量和名稱而存在，它是虛假的、如幻的。它的存在是建立在虛假但卻不是正觀的認知上㉕。

並沒有一個方法可以安立諸法實有，除非你不去做究竟的檢視和分析。然而，區別出在夢中出現的人以及在現實中出現的人兩者間的差異，這是有必要的。它們相似處是在某種層次上都是非實有的。但如果夢中人被稱名是人的話，可能有些世俗義上不能認同。如果現實中人也被稱名是人，世俗義並不否認，究竟義上也不反對。因此，這個人在世俗義上是存在的。

如果某物在世俗義上被承認，究竟義上又不否認，它就能被證實是實有的。但是沒有一樣事物是獨立自存的。因此我們說沒有這樣的實存樣態。

76

無我誰得果
許由痴心得
為息眾生苦
不應除此痴

辯詰：如果一切有情眾生非實有，成佛得到佛果的是誰呢？行者發起菩提心要度的眾生又是誰呢？

回應：眾生是存在的。他們能夠感受到慈悲心，慈悲心也是爲存在的眾生而發。不管是什麼虛妄的名言，如前面所述都是被承認的。在修行道上由於開啓慈悲心，而得到成佛的果。誰成佛？這也一樣，它是安立在世俗義上，沒有透過究竟義的檢視和分析。在無明所虛構的發心下仍可證果。爲了解脫自他的痛苦，由無明所生起的果痴也不應消除。

77

我慢痛苦因
惑我得增長
謂慢不能除
修無我最勝

產生痛苦的因是由於緊緊執著於「我」㉖。有人會認爲，這種無明煩惱是不可能破除的；它的確有可能破除。修習無我是破除我執無明最勝的方法。

註釋

①人無我（personal identitylessness, pudgalanairātmya, gang zag gi bdag med）。

②法無我（phenomenal identitylessness, dharmanairātmya, chos kyi bdag med）。

③自我（self）梵文是ātman（藏文是bdag），此處通常翻譯成「自身」（identity），然而在其他的佛教用語上常譯成「自我」（self）。中觀見解是破斥這兩種型態的我，一個是屬人的、一個是屬物的。中觀論師談到一張桌子沒有自我，在英文中我們會說用分析的方式去尋找一張桌子的特性，但桌子自我的觀念是罕見的。我們的確會說到「桌子自己」（table itself），但是我們通常不會說「它的自己」（its self）。因此，我通常會選擇用比較廣義的「自我」（identity）這個詞。唯一的例外，如上述的例子，當「自我」（ātman）被放在個人的本質時。

④當我們檢視其他諸法的時候也是一樣的情形。首先我們必須清楚的確認現象的本質，之後才能對它究竟的樣態進行檢視。

⑤名相（designation, btags gzhi）。

⑥六識是指眼、耳、鼻、舌、身等五個感官意識和第六個心意識。

⑦遍計所執對象（imputed object, btags don）。

⑧對這些名相有進一步的說明，可參考楚門翻譯宗喀巴的《辨了義不了義善說藏論》（Robert A. F. Thurman trans., Tsongkhapa: *Essence of True Eloquence*, Princeton University Press, Princeton, NJ, 1984, p.139）。

⑨數論派（Samkhya）主張有無量的自我，自我的本質就是存在和意識。它沒有組成的個別成分，它經驗喜樂和痛苦。對於數論派哲學更廣泛的介紹請參考達斯古塔的《印度哲學史》（*A History of Indian Philosophy*, S. Dasgupta, Cambridge University Press, Cambridge, 1922, Vol.I, Ch. VII）。

⑩起用（perturbation, vikāra, rnam 'gyur）。

⑪體性（substance, svabhāva, rang bzhin）。

⑫喜（sattva, snying stobs）。

⑬憂（rajas, rdul）。

⑭闇（tamas, mun pa）。

⑮這三德的詳解可以參考達斯古塔的《印度哲學史》（Vol.I, pp.243-247）。他解釋這三德分別爲「智慧素質」（intelligence-stuff）、「能量素質」（energy-stuff）、「聚集素質」（mass-stuff），他說：「現象界產生的能量不管它是什麼，都是由於憂的元素而來；所有的物質不論是穩定的還是對抗的，都是由於闇的元素；而所有的意識都化現成喜的元素。」

⑯宇宙元素（universal constituents, guṇa, yon tan）。

⑰主宰（primal substance, prakṛti, gtso bo）當數論派談到一個普遍性的主宰它對自然界起用的結果，會讓我們想起現代物理學有關眞空在宇宙作用的理論。一些物理學家相信宇宙的起源是來自於眞空能量的波動。然而，這兩者間有重要的不同。天文學家哈理森（E. R. Harrison）主張宇宙的原始狀態是一個非理性的、不確定的渾沌。另一方面，雷玖寫下了《印度哲學傳統》（P. T. Raju: *The Philosaphical Traditions of India,* George Allen & Unwin Ltd, London, 1971 p.161），數論派宇宙論的主宰「不是一個渾沌的元素，而是一個能讓一切都平衡、和諧在其中的東西。我們不能把這歸因於秩序，因為秩序的觀念暗示著在多數中它們是一個限定的、固定的關係。主宰最初是絕對平衡的，而且完全沒有差別的。」

⑱體性（substance, svabhāva, rang bzhin）這個詞通常翻譯為「本質」。然而當我們用 ekasvabhāva 時，翻譯成「實質相同」可能更恰當。

⑲參見《印度哲學史》Vol. I, pp.245-248。

⑳當數論哲學主張多數的自我存在時，它基本上視物質世界為一體，亦即主宰。這一體是以多元的形式呈現，即使時間和空間也不是分別存在的。每一個自我是以相同的方式呈現，都是個別獨立的。雖然它不是有情，心是它的一個產物。因此，它是心物二元世界的最初元素。在自我與主宰之間的關係上，雷玖評述道：「對數論派而言，最初的差異不是心和物之間，而是自我之間，它是無盡的意識，但卻是不確定的；而主宰是無意識的，卻是確定的。脫離了無盡，主宰就慢慢形成了大千世界。」（《印度哲學傳統》pp.160-161）。

㉑ astiā, yod pa nyid。

㉒對分別論派（Nyaya-Vaisheshika）進一步的說明請參考達斯古塔《印度哲學史》Vol.I, Ch. VIII。

㉓在印度哲學非佛教徒中，這是對「自我」最普遍的觀念。

㉔就像一條線中的一個點，當你要精準的去尋找它時，它就不見了。

㉕（'khrul pa'i tshad ma）。正觀必須無誤的認知諸法的本質，也就是說主要對象必須是確切的。然而，也可能在對於外觀的對象上產生非量，例如，以比量正確的認知一個推論對象。但是因爲對象和概念出現在認知上時似乎是融合在一起的，而這個認知可能是被外相迷惑的。爲什麼呢？因爲對象和對它產生的概念並不像它所呈現的樣子一般存在。依照中觀見解，一個知覺的正觀也可能被它的外相所迷惑。那個對象呈現的是實有，實際上並不是。

㉖在這一頌中，梵文的「我執」ahaṃkāra，藏文翻譯是 nga rgyal。

5 法無我
Phenomenal Identitylessness

四念處（The Four Applications of Mindfulness）

身念處（Mindfulness of the body）

在解釋法無我①這一部分，作者探討四念處的修行：⑴身念處，⑵受念處，⑶心念處，⑷法念處。檢視身、受、心、法這四個對象，確立了它們並非實有。因此，並不對這四者的世俗義作檢視，正念是用在究竟義上探求它們存在的樣貌。

78

身非足小腿
腰臀亦非身
腹背及胸肩
彼等復非身

身體不是腳，不是小腿也不是大腿。腰部、臀部、腹部、背部、胸部和臂膀也都不是身體。

79

側肋手非身
腋窩肩非身
內臟頭與頸
彼等皆非身
此中孰為身

如果自我是依賴著身心而成立，那麼身體的本質是什麼?當我們說：「這是我的身體」、「人的身體」，這個名稱是建立在腳、頭、手等等的集合體上。如果有人問到，組成身體的個別部分如頭、手或腳可不可以稱做是身體呢?答案是不可以。因爲如果每一部分都是身體的話，一個人會有很多的身體。如果有很多的部分失去了，身體仍然還在。這就是世俗名言。如果不適合叫它做「身體」，就沒有身體這個名詞，一旦稱它做身體，就有身體這個名相。這不是由推測上的客觀現象所決定的。

有關作者的分析，手腳等等只是部分，單一個人的身體是由這些部分組合而成。「整體」，這個身體，是依賴著各個部分而組成。沒有一個部分能被認定是身體。

80

若身遍散住
一切諸肢分
分復住自分
身應住何處

假設：這個身體，是一個整體，它只是分為一小部分一小部分，散佈在四肢百骸中。

回應：你可能認為身體住於每一個小部分中，各個部分都是身體，這是否意味身體不是由各個部分所組成？那麼身體自己又住於哪裡呢？

81

若謂吾一身
分住手等分
則盡手等數
應成等數身

如果說整個身體分別住在手腳等各個部分，那麼有多少數量的手腳等等分肢就應該有多少數量的身體。

82

內外若無身
云何手有身

手等外無他
云何有彼身

當我們尋找名言對象的身體時，不論在身體的內部或是外部都找不到一個叫做身體的東西。由於找不到一個獨立的、實有的、叫做身體的東西，那麼手腳等部分中又怎麼可能有身體呢？手腳等肢體以外的任何一法也找不到實有的身體，可見這個名言對象的身體是不存在的。

83

無身因愚迷
認手等為身
如因石狀殊
認彼為真人

因此，雖然沒有一個實存的身體，因爲有迷惑，才在心中對手腳等組合體生起一種自我感。這就好像看到一個形狀很像人的石頭，把它誤認爲是眞人一樣。

84

眾緣聚合時
視身體為人
如是於手等
視彼為身體

基於錯覺的因緣聚合而把手腳等部分視爲身體，我們說：「我的身體」、「好的身體」、「壞的身體」。在這種狀況下身體被誤認爲是實存的。事實上，身體不過是一個在特殊依緣下的假名而已，兩者完全不同。

85

如是指聚故
手亦復為何
能聚由聚成
聚者猶可分②

前面所述，作者分析把身體視爲一個整體的謬誤。接著作者分析手腳等的組成體以及更小的組合體也不是實有的。「手」是由手指和手掌等組合而成的名詞，但手並不存在於手指和手掌之中，因此在手指和手掌這些組合體之外，並沒有一個叫做手的東西獨立存在。同樣的，「手指」是由指節和指骨等組合而成的名詞，指節也一樣，由更小的部分組合而成。

86

分復析為塵
塵析為方分
方分離部分
如空無微塵

同樣的，我們可以把這些小部分再解析成爲更小的成分，像是微塵或原子③，一樣也找不到實有的它。還是同樣的，整體只是依緣這小部分組合體的假立名言，無法找到獨立實存的個體④。

一個原子也可以解析成更小的微分子，在微分子中同樣無法找到其眞實的存在。如果還想嘗試再把這些微分子解析，也將一無所得。或者我們也可以對它們進行分析，而且會得到相同的結論，就是它們沒有自性。簡言之，諸法像虛空一般在勝義上不存在。當我們以這種方式來檢視，即使是原子微塵亦不存在⑤。

87

是故聰慧者
誰貪如夢身
如是無身時
誰是男女相

因此，對一個聰慧的人來說，執著色身是不智的，因爲它如夢似幻。「男人」和「女人」也是基於男身和女身的不同而假立名言的兩個名詞。因爲身體只是名言假立而找不到實有的東西，男人和女人又怎麼會是眞實存在的呢？

受念處（Mindfulness of the feelings）

88

苦性若實有　何不損極樂
樂實則甘等　何不解憂苦

如果我們經驗的覺受⑥是獨立存在、是實有的，那麼它們不必依緣其他的條件。如果是那樣的情況，痛苦是恆常的，它爲什麼不會阻礙樂受的升起？一個人如果經驗痛苦，他應該永遠不會感到快樂。再者，如果樂受也是實存的，爲什麼在他悲傷痛苦的時候，令人愉悅的感官來源例如美食卻不能使他快樂呢？

89

若謂苦強故
不覺彼樂受
既非領受性
云何可謂受

假設：在悲傷的同時會有喜樂的情緒，但是因爲悲傷的情緒更爲強烈，壓制了快樂的情緒。

回應：覺受必須具有被經驗的性質。如果沒有樂受的經驗，又怎能算是「受」呢？

90

若謂有微苦
豈非已除苦
謂彼即餘樂
微苦豈非樂

假設：當強烈的樂受升起時，即使有輕微的苦受，那種快樂取代了什麼感覺？這時也可以稱爲是強烈的快樂嗎？大樂不是已經消除大苦了嗎？它是消除了大苦，但微細的苦仍在。因此那個苦不是沒有被經驗，它只是比較輕微。再者，微苦事實上是消除大苦所餘的微樂，與大樂有所區別。

回應：因爲微樂是快樂的一種形式，不能被定義是苦，即使是微細的樂也是樂。

91

倘因逆緣故
苦受不得生
此豈非成立
分別受是執

假設：當經驗強烈的樂受時，它對痛苦是不相容的，因此不產生苦受。

回應：在這種狀況下，你犯了一個錯誤，把覺受想像成是自證的。樂受和苦受並不獨立存在。雖然它們假名言而立，你卻執著它們以爲實有。覺受並不依恃自性而存在，它們是依靠因緣條件而成立的。

92

故應修空觀
對治實有執
觀慧良田中
能長瑜伽食

覺受並非實有，經過分析根本找不到它們，它們並不獨立而存在，但依世俗名言的力量它們是存在的。因此，要克服此一視「覺受爲實有」的錯誤觀念，必須要修空觀。這個需要如理分析覺受存在的樣貌。

此一分析有助於禪定，把止和觀整合起來。這可以增強禪修的身體活力⑦以及強化修道的力量。就好像是良田一般，能滋長瑜伽士定慧的糧食。

93

根塵若間隔
彼等何處遇
兩者無間隔
誰與誰相遇

現在作者反駁覺受的實有。談到覺受，一般認爲是接觸到對象，透過感覺器官和意識與這個對象的互動而經驗它。這樣的過程產生了覺受。在此作者對接觸做了分析，以了解覺受是不是實有。

如果感覺器官和感覺對象——也就是根和塵有一個空間的間隔，那麼它們的接觸點是在哪裡發生？如果根塵之間沒有間隔，它們將會不可分離的佔據同一個空間，在那種情況下它們將成爲一體。如果兩者在同一個位址上，它們將無從區別，所以我們不能夠說它們之間有接觸⑧。

94

塵塵不相入
無間等大故
不入則無合
無合則不遇

微塵和微塵之間是互不相入的，因爲微塵沒有像虛空一樣的空間讓另一個微塵進入，而且他們同在一個象限中⑨。再者，一個微塵如果沒有進入另一個微塵，彼此就沒有混合；沒有混合就不可能有所謂的相遇⑩。

95

無分而能遇
云何有此理

相遇且無分
若見請示我

如果無方分的微塵之間沒有空間，它們必然是同一，不可能相遇。如果微塵之間有相遇，而且其間沒有任何的方分，那麼請指出來讓我看看。

96

意識無色身
相遇不合理
聚亦無實故
應如前所觀

此處是有關意識的分析。認知的產生是要靠以下的條件：⑴感知對象的客觀條件⑪，⑵感知器官的主觀條件⑫，⑶剎那意識的直接條件⑬。也就是所謂的根塵識三個條件。因爲意識是無形的，我們不能說它和根塵相遇⑭。再者，根塵識也不可能匯聚，因爲這種聚合並非實有。這個觀點在前述討論身體無自性時已經分析過⑮。

97

如是觸非有
則受從何生
何故逐塵勞
何苦傷何人

當接觸發生的時候，必定有一個「接觸者」和「被接觸者」，但是我們在感知條件的根塵識中去尋找這些名言對象，找不到一個實有的觸。因此觸並無自性存在。覺受的生起依賴接觸，假使沒有一個實有的觸因，也不會有一個果受。所以，實有的覺受從哪裡產生呢？

人們渴望經驗樂受、遠離苦受，並努力追求這個目標，這是爲什麼呢？怎麼樣的苦受會傷害什麼樣的人？怎麼樣的樂受會利益什麼樣的衆生？假如我們去尋找這個名言對象，根本就找不到一個傷害或利益的覺受，也找不到一個被覺受傷害者或利益者。

98

若見無受者
亦無實領受
見此實性已
云何愛不滅

當禪觀分析此覺受的名言對象時，中觀論者發現並沒有一個覺受者也沒有一個覺受的對象。面對這樣的分析，覺受和覺受者都不存在。如果不做分析檢視，我們會說有一個覺受者，因爲每個人天生就有感覺；我們也會說有覺受，因為它們可以被體驗到。在世俗名言境上的感覺是有效的。

但是在事實層面、客觀的感覺上，如果我們說有一個覺受者，它可能會面臨兩個對象：⑴有一個感覺的經驗者，⑵感覺本身。龍樹在《中論》中解釋，如果能所兩者是分開的，就會產生有行為而沒有行為者，以及另有一個和行為無關的行為者，而這種狀況是不可能的。如果我們否認它們是分開的，行為會和行為者同一，這也不合理。

我們將發現沒有一個自性存在的覺受和覺受者。貪愛的煩惱生起是因為錯把對象當作一個實有的東西並執著於它。因此，執持諸法以為實有的顛倒是貪愛和瞋恨的根源。一旦我們確認了諸法無實有的眞相，貪愛就止息了。

微細的貪愛和瞋心與微細的實有見相結合，這種結合一般人不容易了解。主要的，佛教中觀哲學系統從自續派以降主張這種認知在客觀上是適當的⑯。他們似乎認為只要單存覺知樂受是愉悅的就可以了。而應成派認為微細的緊執實有是一種煩惱，它就是貪愛和瞋恨的根。自續派從毗婆沙論（Vaibhashika）以降主張這種執取是合適的。

粗糙的貪愛和瞋心是由於我執而來，堅實的自我認同就從執持實有之中很自然的生起。如果透過邏輯分析，我們會反駁這樣的執著，當這種執著不再生起時，因爲顚倒而產生的煩惱也就止息了。

如月稱（Chandrakirti）在他的《淨明句論》⑰中說到，對治顚倒就是對治所有的煩惱。相反的，只對治貪愛、瞋恨、傲慢，並沒有辦法去除所有的煩惱。但是對治我執的顚倒可以息滅所有的痛苦煩惱。

99

所見與所觸
自性如夢幻
與心俱生故
心彼不見受

諸法都沒有自性實有的樣態。然而，這並非意味一個人經驗覺受或是覺受本身——苦受或樂受是完全不存在的。它們是以一個虛幻的形式存在，我們看到或接觸到的事物，其本質都是如夢如幻的。

第二偈中作者駁斥經驗覺受的心也是實有的。因爲覺受的生起是與心相結合，它們是同時俱生的，因此覺受無法被心看到。在經驗的對象和經驗本身必然有一個因果關係。如果兩者有明確的區別而又同時存在，它們之間可能不是一種因果關係，也不是同體的關係⑱。

因爲這個理由，作者否認了這重因果關係——意識和覺受同時俱生卻又能持有感覺。兩個心理現象互相結合同時生起，其中一個不可能去感知另外一個。這是所有覺知狀態的事實。因此覺受不能被與它結合而又同時生起的意識所看到。

100

受前心後生
回憶而非受

不能自領納
亦非他能受

當下的覺受不能被前一剎那的心所經驗，後生的心只能回憶已滅的前剎那心，無法經驗前一剎那的覺受。因此不能說一個東西能自我領受，好像安立在自證的矛盾中。如果我們假設一個東西被另一個完全不同的他物所領受，會導致無限的反覆⑲。感受本身不能經驗它自己，其他的事物也不能經驗感受。因此，在實相中，經驗是不能假設的。

101

畢竟無受者
故受非真有
誰言此幻受
能害無我聚

因爲自和他識都沒有覺受的領受者，在究竟上覺受也不存在。因此，有什麼傷害能夠加諸於這個沒有自性的五蘊聚合呢？

身心諸蘊聚合的我是沒有自性的，因爲我們無能認知此一實相而執著於它，但當我們理性分析去尋找「我」的遍計所執假象，此一謬見就會消除。這個非實有、無自性的我怎麼可能受到傷害呢？

執持實有使我們很容易受到傷害，如果沒有執著的基礎，傷害怎麼會加諸於我呢？

心念處（Mindfulness of the Mind）

102

意不住諸根

不住色與中
不住內或外
餘處亦不得

意識不住在感覺器官內，也不住在感覺對象的外部例如色相，也不住在色境之中。有些外道認爲意識住在一個人的身體內部，有些認爲住在身體的四肢例如手上⑳。但是心不住於上述這些地方，在其他任何地方也找不到。

103

非身非於他
非合亦非離
彼無實性故
有情性涅槃

心既不存在於身體中，也不在其他地方，既不和身體混合爲一，也不獨立於身體之外。如果我們去尋找這個遍計所執的對象——心，會發現它並非實有。因此有情衆生的本性是自在的、是涅槃的。

下面討論的是心意識，作者接著分析感覺意識。

104

識先於所知
彼緣何而生
識所知同時
彼緣何而生

假如我們的感知意識，例如眼識，在所緣境相之前就存在，那麼它是緣什麼境相而升起的呢？眼識必須依緣境相而升起，假如眼識先於境相，那麼感知是靠什麼發生的呢㉑？

假如意識和境相同時升起，同樣的問題出現了；作為認知對象的境相必須先意識而起，但根識既已同時升起，又何必緣境相而生呢？這樣的因果關係必定隨之而來㉒。

105a

識若後境起
彼緣何而生

如果意識在境相停止以後才升起，也就是說根識升起時境已滅，識又是緣什麼升起來的呢？

105b

如是不確證 諸法實有生

若說諸法是實有的，那是沒辦法確認的。以是，當我們尋找諸法的遍計所執性時，我們將發現一切現象都空無自性。每件事物都只是以因緣的方式，藉著世俗名言而存在。

斷諍（Refutation of Objections）

106

若無世俗諦
云何有二諦
世俗若因他
有情豈涅槃

辯詰：你們中觀師主張，經過分析以後找不到名言對象，即使是空性本身亦不存在。透過尋找名言對象，你們得到一個結論：沒有色、聲、香、味、觸等境相也沒有意識，沒有苦諦、也沒有集諦，沒有滅諦、也沒有道諦。你們說諸法完全不存在。

你們主張所有的世俗境相都只是因果關係的幻象，呈現在顛倒的心中而已，因爲他們空無自性。但假使它們非實有，它們就完全不存在。在這種狀況下，連世俗諦都不存在，你怎麼能說有二諦呢？勝義諦將不可能安立，因爲它必須依緣某物而存在。如果它所依緣的東西都不存在，就沒有所謂的勝義諦。因此，以你們的主張，世俗諦和勝義諦不能安立。

根據你們的見解，如果諸法都只是顛倒心中所呈現的幻象，那涅槃也是不可能的。甚至，世俗所取「善」、「惡」的判斷也不可能安立。再者，宇宙的最根本物質、神、佛法僧三寶㉓都具有相同的情況：只要其中一個存在，所有的都將存在。對一個顛倒心而言，宇宙的最根本物質可能存在，神可能存在，兔角也可能存在。對一個心而言如果用想像，兔角是存在的。如果你們認爲對一個顛倒的心來說，只要它看起來似眞它就存在的話，你無法否認諸法是實有的。

在這種情況下，眞與假、善與惡、世俗境的眞有與假有，全都失去意義了。我們就不可能說出錯誤的見解，例如主張某些東西實有某些東西又不存在。若世俗有是執持分別見而存在，因衆生無自性，即使藉著逐漸打破「善」、「惡」的分別，透過趨善避惡的修行，也是不可能獲得涅槃的。況且，涅槃也只不過是顚倒心的幻影而已。

107

此由他分別
彼非自世俗
後認定則有
否則無世俗

此一辯駁是說，如果諸法的存在只是因爲顚倒的心執持實有所致，它將不會帶來利益或造成傷害，它只是個幻象。

回應：我們不能主張諸法的實有只是因爲顚倒心的妄想㉔。根據中觀的論點，這不是世俗有的問題。當我們說「世俗諦」，此中所謂的諦——眞理，是由心決定而不是由境相決定。境相不能做爲眞理的標準，眞理是來自於心㉕。

心的世俗有是安立在執持實有的迷妄㉖之下。當我們說到「世俗諦」時，對於執持實有的心而言，它是眞實的。但是安立世俗境相的心是不能迷惑的㉗。這點是必須確證的㉘。可能會被它的外相所迷惑，但卻不能誤認㉙它的實相分㉚。

依我們中觀應成派的世俗諦見解，宇宙的主宰和神等等即使在世俗義上都不實存。同樣的，對於其他佛教徒的見解，我們中觀論者也不認同唯識論者提出的「根本意識」㉛或「自證」的世俗有。我們認爲像壺一類的東西是世俗有。現象和非現象只是概念式的名言，並非自性實有。在這層意義上它們相同，但是就它們是否帶來利益或傷害以及是否藉由圓成實性而安立這一點上是有區別的。這種認知的確是迷妄的，就像被外相實有所迷惑一般。除了這個以外，有關實相分的被誤解與未被誤解之間仍有個區別，這也決定它們是否爲圓成實性。

世俗有的標準是一個平靜的心沒有誤解實相分。當我們確立空性見時，不會視諸法爲實有。但是在禪定狀態下，如果某物清晰的呈現於心，如果此世俗有境沒有被世俗知見推翻，如果它能夠產生利益與傷害的作用，如果它是靠正觀來認知，那麼它是存在的。否則它在世俗境上亦不存在㉜。

108

心與所分別
兩者相依存
是故諸觀察
皆依世共許

主觀的概念認知和客觀被認知的境兩者之間是相互依存的。行爲的造作必須有一個行爲代理人，而此人必須依緣於行爲，造作才成立。例如一個裁縫師，他被認爲裁縫師是因爲他的裁縫行爲，也因爲有他，裁縫的行爲才會發生。這不是說裁縫師和裁縫兩者之間是一種因果關係，而是一種相互依賴的關係。

爲了建構究竟實有的樣貌，我們必須決定討論中的現象是依世俗公認的名言量而存在的，再根據此一基礎觀察它存在的樣貌。

109

以析空性心
究彼空性時
若復究空智
應成無窮過

這裡是對無窮過患的諍論。

辯詰：你們中觀師首先分析一個事物例如壺，接著又觀察它的究竟本質。在這樣的情況下，你們進入一個無有窮盡的分析過患之中。

110

觀察所觀已

心則無所依
無依故不生
說此即涅槃

分析一個事物例如壺，我們確定它的本質是空性的。心只是理解那個單純的不存在㉝，意即事物在究竟上沒有自性。只認知它的空性，並沒有去理解其他的實體，不能把我理解的「這個」說成是「那個」。只要這種認知狀態持續，就可以觀察到它無自性的本質，觀察的心並無所依。

確立色等諸法無自性之後，如果進一步分析無自性的究竟實相㉞，也會確認究竟實相也無自性。在這種情況下，分析的對象是空性的，我們確知色等究竟實相的終極實相。因此我們說是空性中的空性，也就是涅槃。

註釋

①法無我（phenomonal identitylessness, smṛtyupasthāna, dran pa nye bar gzhag pa）。

②藏文唸做「手」和「手指」，而梵文卻唸做「腳」和「腳指或手指」（兩個意思都可以，視前後文意而定）西藏的譯文似乎更適合讀。

③微塵（atoms, aṇu rdul）。

④有關佛教談論微塵的進一步資料請參考安那可的《世親七書》（S. Anacker: *Seven Works of Vasubandhu,* Motilal Banarsidass, Delhi, India, 1984, pp.167-170）。這一段談到唯識辯駁微塵的存在。

⑤這種分析原子本體論的狀態適合於古典物理學與量子力學對於原子和次原子的觀念。有些認爲原子或是粒子有一個確定的大小或是位置，有些則不做如是想，但所有的理論都一定會對它的特性下定義。否則，它完全無法和其他的元素做區別。只要這個粒子被認爲擁有某種特性，我們就可以進行分析：它的整體和個別部分之間的關係是什麼？結論是粒子之類的元素是非實有的。

⑥「受」（feeling, vedanā, tshor ba）這個字在此處的用法不像一般英文的「感覺」那樣寬廣。它是有關身體與心理對於樂、苦、捨的覺受。它不包含觸摸等感官的感覺。

⑦ yogin, rnal 'byor pa。

⑧想想現代量子領域的理論，對於個別粒子的觀念還是很有問題的。而且，當代物理學家對於原子的本質有相當大的歧見。物理學家艾斯帕格涅特（d'Espagnat）主張只有空的特性；史塔普（Stapp）聲稱它有一組系的關係；海森柏格（Heisenberg）不認爲他們是物質。中觀理論不否定微塵的存在，但他們不認爲它是獨立實有的物體。

⑨這個說法會引起大多數現代物理學家的爭辯，引述拉賽福（Rutherford）在一九一一年的著作，他以實驗論證一個原子的內部是由空間所組成。這個觀念很接近原子的「行星模式」，電子繞著核子運行。現代量子理論，它的波粒二元性以及不確定原理指出，這種模式不能視爲原子是客觀實體的陳述。這個模式作爲探索的儀器是有用的。再者，根據量子理論，「空間」與「空性」是大不相同的。然而，以這部論著而言，認識佛教的微塵理論在根本上不同於現代西方的科學似乎更重要。佛教徒運用他們自己覺悟的力量進行禪觀，去探索物質世界最小的組成分子。現代物理學家運用儀器及數學去形構他們的原子理論。在這種情況下，海森柏格的許多洞見可以比較，他說：「我們所觀察到的不是物體的本質，而是本質暴露在我們探究的方法上。」這兩種極爲不同的探索方法，其結果有這麼大的差別一點也不令人驚訝。對於物質世界的組成因子，佛教的禪觀見解與當代物理學理論之間的主要不同，我們會問：「哪個比較實用？」但這個問題必須推敲：「用在什麼目的？」如果是用在發展科技方面，物理學和化學的理論與模式無比的有用。但是透過禪修在轉化一個人的身心方面，佛教的禪

觀見解是更適切的。

⑩這個說法必須在佛教的微塵理論上再次理解。把微塵與現代物理學的原子等同視之是不恰當的。為了強調這點，注意一下現代物理完全不確定粒子的互動模式會很有趣。它們是被系統的場域互相聯絡的，還是像許溫格的「來源論」（Schwinger's source theory）所說免除場域？愛因斯坦的相對論（Einsten-Podolsky-Rosen Paradox）和貝爾定理（Bell's Theorem）也適用同樣的問題。

⑪客觀條件（object condition, ālambanapratyaya, dmigs rkyen）。

⑫主觀條件（dominant condition, adhipatipratyaya, bdag rkyen）。

⑬直接條件（immediate condition, samanantarapratyaya, de ma thag rkyen）參考格西雷登的《心及其功能》（*The Mind and its Function,* Geshé Rabten, trans., Stephen Batchelor, Tharpa Choeling, 1801 Mt. Pelerin, Switzerland）。

⑭佛教對於心和物、認知與外相之間分得很清楚。認知是經驗個別的對象，例如感知、記憶或想像。外相扮演客觀條件或是主觀條件，提供認知的不同型態產物，但是它本身並不會經驗。雖然有很多的證據讓我們相信某些神經生理學的程序對我們視覺的感知是必須的，但這兩者視為等同的科學根據是什麼呢？唯物論者可能認為感知不過是個生理的過程，但是誰做過實驗證明呢？中觀論者承認本論著所提三種類型的條件，但他們否定有一個眞實、自性存在的互動關係。再者，身心的因果互動關係以兩種方式進行：主觀的經驗認知過程影響生理過程，

生理對於認知的影響也是一樣。

⑮比較第85頌。

⑯ don mthun。

⑰《淨明句論》（*Clear Words, Prasannapadā, Tshig gsal*）。

⑱同體關係（identity relationship, bdag gcig 'brel）是指不同的實體同時存在而且具有相同的本質。例如，一個紅色的蘋果其紅色與蘋果擁有同體關係。

⑲比較第22頌。

⑳今天大家對於視覺、念頭、想像都有共同的認知，認爲它們都是位於腦部。腦部牽涉到這些認知事項是最新的發現幾乎無法否認。但是這些主觀經驗發生在頭部或身體其他地方的證據何在？西方哲學家對此問題的質疑可參考布特《現代物理學的形上基礎》（E. A. Burtt: *The Metaphysical Foundations of Modern Physical Science*, Chapter 8 b）。

㉑這首偈頌很清楚的說明，中觀見解避免了極端的唯物論也避免了唯心論。境相的確是依靠心理命名而存在，但是對於情器世界的感知，例如視覺，必須要有客觀條件的產生。中觀見承認心物二元論，但是這兩者是互相依存的。再者，二元論有其純粹世俗的角色，它也是依靠世俗名言而安立。

㉒雖然因果關係是繼續的，因和果並不爲絕對的、客觀的時間所分割。根據中觀見解，不只是果依賴著因，因也依緣著果。

㉓關於三寶的解釋請參考《西藏傳統的心智發展》pp.60-69。

㉔這裡避免了極端相對論的錯誤。雖然諸法是概念式的名言存在，但是一個人的觀念不必然對另一個人有效；也不必然每一個人單獨的活在自己的信念裡。例如，一個人相信死亡是伴隨著個人完全的滅絕，但是人死後不會因爲他這樣的錯見而完全滅絕。我們可能否定事物的存在，而且我們也受到這樣的錯見所影響，我們並沒有擺脫它們對我們的影響。同樣的，我們可能相信不存在的事物，然後我們被這種錯誤的信念所影響，而不是被這個不存在的東西所影響。佛教徒禪修的主要目的就是要了知並且去除這兩種謬見。這就要透過開展知覺性和推論性的正觀。

㉕雖然這個陳述第一眼看來有點像是唯識見。根據中觀見解，眞理不能由境相存在於心來決定，這樣的境相並非實有。然而，這並不是說沒有一個實相獨立存在於人的心中。確切的說，人的心無法感知或想像獨立的實相。眞理是由正觀決定。眞理可能不爲個體或社會所認知，但這不表示眞理不存在。如果某物是透過正觀而理解，它就是實有。

㉖迷妄（confusion, moha, gti mug）。

㉗迷惑（deluded, abhrānta, ma 'khrul ba）佛教的術語在這一部分是非常明確的，它很難避免英文翻譯的混淆。安立世俗境的心不能夠被錯知所迷惑。例如，相信有兔角的心被它的主要對象迷惑了。安立世俗境的心是妄心，因爲它執持實有。它正確地認同它的主要對象，卻錯誤地視它爲實有。

㉘根據中觀見解，如果它無誤地理解了主要對象就是正確的認知，也就是正觀。

㉙誤認（mistakar, avisaṃvādaka, mi slu ba）。

㉚實相分（主要對象，chief object, 'jug yul）除了佛、覺者，所有世俗呈現的事相都被世人視爲實有的。普通人看一座山，它虛妄的以自相呈現。人們可能錯知這座山（主要對象），而被它的外相（外在對象）所迷惑。

㉛自證（foundation consciousness, ālayavijñāna, kun gzhi rnam par shes pa）。

㉜前面已經提過有兩種型態的正觀：知覺的和推論的。前者包括有根據的感官認知，以及某種非藉著外相或觀念而確認的心理覺知。推論的正觀是依據確實的理性來理解對象，這種認知經常是混合著對於外相的概念來推論。由於有這兩種正觀，藏傳佛教的禪修訓練包括禪定和邏輯。前者的目標主要是開發知覺的微細狀態、內在的正觀。透過這種訓練可以探究我們前世和來生這一類的情況。這種訓練主要目的在學習辨別正覺和妄心。

㉝否定（negation, med dgag）。

㉞究竟實相（ultimate reality, dharmatā, chos nyid）。

III | *Transcendent Wisdom*

破除實有

Refutation of True Existence

6 破他宗實有見

Refutation of Others' Conceptions of True Existence

111

心境實有宗
理極難成立
若境由識成
依何立識有

唯識宗主張心和境都是實有的，這種見解是完全不能成立的。如果境的實有是由於識的實有而安立，那麼，意識又是根據什麼而安立的呢①？

112

若識由境成
依何立所知
心境相待有
二者皆非實

再者，假如意識是由於一個眞實的所知境而成立，那麼所知境又是根據什麼而成立的呢？你不能夠如此假設兩者是互相支持成立的。如果你不同意且堅持它們是實有，其矛盾是顯而易見的。

假使證自證分和它的境相是互相依賴而存在——互相支持而成立，那麼兩者都非實有。它們只是世俗相互關係意義上的存在，不是自性上的實有。

113

無子則無父
無父何來子
父子相待有
如是無心境

父親和兒子彼此依父子關係而存在。沒有兒子，這個父親的名言不成立。這很奇怪：直到兒子被生出來之前，做爸爸的不能被稱爲父親，因爲他沒有這樣的身分。因此，「父親」是因爲與兒子的關係而假設，在兒子被生出來以前，父親不成立。一旦兒子出生以後，才有父親的成立。如果因此而說兒子是先於父親成立，不是很奇怪的事嗎？父親生下兒子，是兒子的產生在後，我們可以說是父親先於兒子成立。如果我們單獨的分析父親，它只是名言假立的。因此，心與境之間只是互相依存而成立②，並非實有。

114

如芽從種生
因芽知有種
由境所生識
何不知有境

唯識師：就像苗芽是從種子產生出來的一樣③，我們可以推知種子的實有。同樣的，爲什麼我們不能因爲意識是依所知境而生起，因此推知所知境是實有的呢④？

115

由彼異芽識
雖知有芽種

然心了境時
云何知有識

中觀師：藉著探究因果關係，我們可以了知種子生出苗芽。因爲它的因果關係，我們也了解所知境的存在，在客觀條件下產生了識。但還有什麼其他的認知能推知有實存的識呢？

註釋

①此處，同樣的，中觀師和唯識師根本上站在不同的立場。

②父親和兒子的互相依存關係在語言上就已經顯而易見了。從世俗的觀點來說，沒有兒子，父親就不成立；沒有父親，兒子也不成立，這是世俗所共知的道理。因果關係的互相依存也是一樣的道理：我們不能說一個因它沒有果，或是一個果沒有因。在世俗義和語言上它們是互相依存的。

③這是唯識師主張物質現象實有最理性的論述：它們是互爲因果的，因此他們必須依世俗名言

獨立存在。對此中觀師的回應是：很明確的，正因爲這種因果互動的發生，現象不可能是自證、俱生的實體。

④這是唯識師另一個主要的爭論點：我們所居處的世界必須是實有的，否則我們無法分享對它的共同的經驗，這些經驗是依靠獨立的、客觀的世界而生起。的確，除非我們對於意識在宇宙間的角色有深入的探索，否則很難不接受上述的論點。西方科學家幾乎不去做這樣的探討，因此很自然的相信宇宙是一個獨立的本體。佛教的禪學對於意識的本質和功能已經根據經驗做了長時的探索，有關前世業行對於今生影響的普遍經驗值得分享。中觀見解承認客觀條件對於認知物質世界的角色。但他們否定那些客觀條件是獨立實有的。

7 論證無實有

Proofs of the Absence of True Existence

辯「金剛屑」因（The "Diamond-Splinters" Argument）

116

世人現前識
能見一切因
如蓮根莖等
差別前因生

現在作者安立因的無自性。他首先破除無因生。例如，蓮花的根莖等各個部分的差別，是由於它們各自有不同的前因所產生的。

117

誰作因差別
由昔諸異因
何故能生果
從昔因力故

是什麼造成了種種因的差別呢？它們一樣是從產生此因的前因之種種差別造成的。不同的因能產生不同的果，是因爲它們各自有前因的力量①。

118

自在天是因

何為自在天
雖許謂大種
何必唯執名

如前所述，外情器世界和內有情衆生的特性是因緣而生，尤其是個人業行的力量。善因得善果、惡因得惡報都是由於此因個別的前因所致。

辯詰：這是不對的。不是有一個神祂才是創造和毀滅的因嗎？這個世界不是由自在天所創造的嗎②？

回應：如果你主張神是自然的大種，我同意。主張一切有情和情器世界是由大種所產生並沒有謬誤。因爲我也主張依著前前的大種生出後後的色生香味觸法。你命名爲自在天和我命名爲大種沒有不同，又何必在大種之外執著於神這樣的虛名呢？沒有意義。

119

然地等大種
非常亦非天
不淨眾所踐
定非自在天

再者，你們認爲自在天是唯一的、絕對權威的、是恆常不變的。但是地水火風等大種是多種的、是無常的、沒有心識的活動等等，它也不是天神。它們不但被踐踏而且也不乾淨。因此大種不可能是神聖的自在天。

120

彼天非虛空
非我前已破

若為非思議
說彼有何義

自在天不是虛空。虛空不能視爲神、創造者，因爲它沒有心的活動，不能帶來利益或傷害。虛空與所有的活動都脫離，因此它不可能是神。一個恆常的我或是神識，也不是自在天。前面已經破除了我見。你可能辯稱自在天的不可思議境不是凡夫能夠想像的，但這有什麼意義呢？

121

何為彼欲生
我及自在天
大種豈非常
識從所知生

自在天創生了什麼？神識嗎？你們不是主張神識、微塵組成四大元素，自在天是永恆不變的嗎？如果自在天是創造者，其他的都是被創造者，這不就破了你們所主張的恆常性嗎？

根據我們的觀點③，有情衆生及情器世界是因爲我們的業行而產生，追溯業行的來源是人的心，是我們的心識。這不是說這個世界的本質是心識。行爲是因爲善的或是惡的念頭而引發，在這個基礎上，形塑了情器世界。

當念頭起來時，呈現了對象的形象，這只是對於對象的一種認知而已。因此，從世俗義上講，心識源自於它的對象。當我們尋找這個心識的時候將一無所得。但不透過這樣的分析，我們將誤以爲意識只是從所知的外境而生。

每一個意識狀態的生起都是依緣於它的境相，但根本意識是無始的。從無始以來它就以單純的意識或是認知而存在，處於一個前進的延續狀態④。

云何為彼生
若是因無始
彼果豈有始

特別是，喜樂和悲傷是心的善惡造作了業行的後果。依照我們的觀點，所有自然現象的創生、轉化與毀滅都可以如此了解，不必求助於自在天⑤。再者，如果你們相信自在天是不變的、永恆的因，從無始以來就如此，那麼祂所生的果又哪有起始呢⑥？

123

彼既不依他
何故不常作
若皆彼所造
則彼何所需

既然自在天被認爲是恆常不變的，如果祂能創生，祂就應該恆常創生一切，爲什麼祂不永遠創造一切的果呢？如果沒有一法不是自在天所創生，祂就不應該被其他的因緣條件所影響，祂應該對所生起的一切負起全責。

124

若依緣聚生
生因則非彼
緣聚定緣生
不聚無生力

假使創造和毀滅依靠因緣聚合，那麼一切能生能滅的因應該是聚合的緣，而不是那獨立而不受現象影響的自在天。一旦因緣聚合，自在天也無能爲力不讓它創生；如果因緣不聚合，祂也沒有創生的能力。

125

若非自在欲
緣生依他力
若因欲乃作
何名自在天

如果，當因緣聚合時，不依自在天的意願，諸法創生了，那祂就不能稱是造物主了，祂也受其他的因緣支配。如果祂的意志先於祂的行爲，祂就不是獨立自主的，祂的行爲將不會出於自發的。如果祂是依靠著欲望而創生，欲望是無常的。它們先行爲而生起，又依靠行爲的完成而停止。那麼自在天豈不是變成無常和不自在了嗎？

126

微塵萬法因
彼於前已破
常主眾生因
數論師所許

以下是有關伺察派（Vaisheshika）的主張，他們認爲恆常的微塵是萬法的因，這在前面討論微塵的差別時已經破斥了⑦。

接著是數論派的主張，他們認爲單一的、恆常的、周遍的「主宰」，天生具有五種特性，它是造物主。根據他們的論點，所有的自然現象包括三種型態的元素都是創生和毀滅的主體。

喜樂憂與闇
三德平衡時
詮說名主宰
失衡是眾生

當喜、憂、闇三種元素處於平衡狀態的時候，稱爲「主宰」、「絕對實相」或是「究竟本質」。當三德失衡的時候，變化就發生了，宇宙萬法於焉呈現。

128

一體有三性　非理故彼無　如是德非有　彼復各三故

假使主宰是獨一的實體，而它又具有憂喜闇三種性質，一體三性，這不是矛盾的嗎？因此由三德平衡狀態所形成的主宰是不存在的。一方面主張它是獨一實有的，一方面又主張它的本質是三種功德的平衡狀態，這是矛盾的。

同樣的，三種功德也不是眞實存在，因爲每一種功德也是由三種元素所組成。因此我們談到「憂元素」、「喜元素」、「闇元素」等等，一而三、三而九，沒有體性⑧。

129

若無此三德
杳然不聞聲
衣等無心故
亦無苦樂受

主宰的理論和三德實有的主張是謬誤的。因此，認爲聲音等相法同樣是由它們所形成的，這是不可能的。

再說，無心識的物質像是衣服以及五種感官對象⑨，若是和苦、樂、捨受完全相同，那也是不可能的。

130

諸法具因性
豈非已究訖
汝因具三德
從彼不生布

你們主張諸法例如衣服之類是產生喜樂的因，它是實有的。這在前述身念處時已經分析過諸法無實有⑩。根據你們的理論，三德平衡狀態下的主宰是衣服等諸法的因，但是憂喜闇三德卻無法生出布衣等諸法。

131

若布生樂等
無布則無樂

樂等常自性
畢竟不可得

你們也說布衣等可以生出樂等三德，我們已經破斥布衣等能生諸法，它們不是實有，也無生的理趣⑪。假使你們主張樂等三德是由布衣等產生，我們反駁：由於布衣等因非實有，因此它的果喜樂等三德亦非實有。因此喜樂等恆常性的三德透過證知是了不可得、完全不存在。

132

樂等若恆存
何故不感受
若樂變微細
彼豈有粗細

如果樂等三德是恆常的、自性的，爲什麼當痛苦生起時，樂受就沒有了呢？它應該持續不變才是啊！如果樂受因爲強烈的苦受而變弱，那你應該同意它是由粗糙變成微細。既然你主張它是不變的、恆常的，又怎麼可能由粗變細，由強轉弱呢？

133

捨粗而變細
粗細是無常
如是何不許
一切法無常

如果它是變動的，從粗變爲細，就必須承認它是無常的。既然如此，你爲什麼不主張樂等諸法都是無常的呢？

134

粗既不異樂
顯然樂非常
謂無則不生
無故若許此
無顯而生出
汝不許卻存

既然樂與粗細有關並隨之變化，樂受顯然是無常的，因為它可以從粗變成細。

接著作者破斥數論派的「自生」⑫。

數論師：如果因沒有生起，怎樣也不會生出果來。凡是生必須在因位時就存在。因此，在因位時它不可能完全不存在，只不過是潛藏沒有顯現而已。當它在果位生起的時候就顯現了⑬。顯現的果在因位時並不存在，但它的潛藏性卻是存在的。

135

因時若有果
食成噉不淨
應以布價格
購穿棉花種

中觀師：如果物質的果在因的階段就呈現，那麼我們吃食物的時候就等於吃糞便一樣了，因爲後者在前者生起時已經顯現。你也應該用買布的錢，去買棉花的種子來穿才對啊！

謂愚不見此
然智所立言

136

數論師：果確實是呈現在因中，但是因爲世間人顛倒，無法看到這點。

中觀師：你們的老師像是聖者卡皮拉，你們相信他了悟實相，他了解果在因的時候就已經顯現。

137

世間亦應知
何故不見果
世見若非量
所見應失真

如果數論派認爲因中有果屬實的話，世間人也應該知道才對⑭。爲什麼他們看不出因中有果呢？如果世間人的見識不能做爲準量，那麼世人明見的現象豈非全部都失眞？

138

若量皆非量
量果豈非假
故汝修空性
亦應成錯謬

現在作者回應對於中觀見的批評。

數論師：根據你們中觀見解，除了證悟者無念的、禪定的了悟，所有的認知狀態都是迷妄的。因此你們稱爲正觀的認知狀態也不是究竟的正量，而是虛假的。正觀是安立諸法只是名言假立的標準，此量並非透過對象實有而認定。因此透過迷妄心識認知的對象必然也是假的。在此狀況下，你們依正觀所認知的空性是假的；而空性本身也是假的。那你們禪修空性就沒有什麼意義了。

139

未辨假立實
不識彼無實
所破實既假
無實定亦假

中觀師：如果不能辨識無明所虛構的實有外相，就不能了知它的空性。因此，藉著辨正此虛假的外相，它虛幻不實的本質則顯而易見。即使空性也是藉著世俗名言之力而存在。如果我們分析空性的本質，空性也非實有。

簡言之，諸法都無自性，無一例外。如果有一法實有，空性亦是實有。既然諸法皆空，空性也不可能不空。

再者，《中論》指出，如果一個人了悟空性的意義，就不會執著實有，貪愛和瞋恚也將因此消除。這是對治痛苦和煩惱的方法。然而，認爲空性是實有這是無可救藥的知見。這是非常剴切的陳述。

因此，即使是空性也只是世俗名言的存在，而非實有。在究竟的意義上它並不存在。當我們說空性是究竟眞理時是什麼意思呢？「究竟」這個字是用在幾種不同的方式。彌勒菩薩的《辨中邊頌》⑮裡有談到究竟的對象、究竟的認知、究竟的果。「究竟」這個字可以應用在主體也可以應用在客體。在《中論》的解釋中，「究竟」是指空性。這在顯教中是很常見的。在密教中有很多的例子這個字的用法要看它主觀的心識爲何而定。「根本淨光」⑯的覺知狀態經常稱做「究竟」。因此，我們必須非常小心地去認知使用這個字時它的內涵。在解釋密續圓滿次第和生起次第⑰時是否有不同的用法？在行部、事部密續，或在顯教經典中是否與密續經教大不相同？如果不了解其中的區別，就很容易混淆。

在《辨中邊頌》中對於這個字的用法就需要有更多的了解。此外，在自續派系統中還提及「擬似究竟」⑱和「究竟」。即使空性是一個實體，當它經驗二元外相，這時的空性稱作「擬似究竟」；當它經驗沒有二元的外相，這時的空性稱做是「究竟」。雖然空性是單一的實體，這些區別是就它在心中呈現的方式而論。「究竟」這個字也用在心的狀態上。

對這個字的用途作進一步兩重的區別：⑴諸法都是虛假不實的或是究竟非有。實有是被駁斥的，在這個陳述上稱爲「究竟」。因此，空性也是虛假、究竟非實有的。它是藉著名言的力量而安立，不是藉著它的自性實有而存在。⑵空性也稱作「究竟實相」。以究竟的心識⑲去尋找存在的根本樣態，例如瓶子它存在的樣貌。心找不到瓶子，找到的是瓶子呈現的樣貌。因爲存在的樣貌（亦即瓶子的究竟本質是空性），對心而言是眞實的，這稱做「究竟實相」。

因此，沒有一個東西在第一感覺時是究竟的，但是在第二種情況，「究竟」是用在存在的事物上：以覺知的狀態探索事物存在的根本樣態。有些東西透過心識可以看到它的存在，但實際上他們並非實有。如果它們是實存的，它們應該是有自性的；可以透過心識來理解它們到底是實有的還是非實有的。如果瓶子是實有的，透過究竟的心識應該可以找到它存在的根本樣貌。

佛陀說涅槃也是空性，如果還有東西超越涅槃，它應該也是空的。在這層意義上它沒有自性。最清淨的實體——涅槃——是空性。他不是佛陀所創造的，也不是有情眾生的心所創造的，它沒有自性，而是存在於一個相對的意義中。

當我們談到空性，它似乎有相對的重要性，因爲諸法是空，例如瓶子的空性更具有說服力。我們經驗喜樂和痛苦是因爲諸法的善惡特質；但是空性卻沒有善惡的區別。很奇怪的：諸法只是因爲沒有自性就是空的，因此空性多少有點重要。依緣著這個實體，它自身也不存在。「脫離推敲」⑳它並非實有。有幾種形式的推敲：二元的推敲、對主體的推敲、世俗的推敲等等。因爲空性並非實有，除了對其主體推敲是空的之外，空性本身並不實存。簡單否定實有是假的，空性實有當然也是假的（在非絕對的意義上）㉑。

140

如人夢子死
想無子之念
障有子妄念
然彼亦是假

辯詰：以虛假的正觀去消除虛假的痛苦，這有什麼用處呢？

回應：如《中論》所言，一切諸法性，皆從因緣現，一如虛假的幻象，但是它能起用帶來利益和傷害。

141

如是究諸法
則知非無因
亦非住各別
或集諸因緣

沒有一法的產生不需要因，沒有一法能獨立實存於各別的緣、或是諸因緣的集合。

142

亦非從他生
非住非趨行
愚痴執為實

與幻化何別

果既不存在於因緣上，也不是依賴因緣從他方而生；形成之後既不住留，壞滅時也不消散他去。

執持實有的顛倒，誤認諸法爲實有。不論此誤認是來自於此法的因、果還是本，事實上它們都是名言假立。但是事物並非只是名言的顯現，而是從自方顯現。因此，諸法並非以它們顯現的方式存在，在這層意義上，就像魔術師所變化的幻物一樣，是虛假不實的。

互生的辯正（The Interdependence Argument）

143

幻物及諸因
所變諸事物
應詳審觀彼
何來何所之

這個論證的觀點是說，沒有一法是眞正的創生、住留與壞滅。諸法都是如幻，它們以依存的方式存在，而不是獨立自存的。

144

緣合見諸物
無因則不見
虛僞如影像
彼中豈有真

接近它的因就可以看到它的果，如果因不存在，果就不存在。因此，諸法都不是獨立自存的；它的存在是依緣於其他東西。因爲果是依賴因緣條件，它本身不自存。再者，它是依賴自身組成體而存在。沒有一法是單獨自存的，有其獨立的成分和特質。找不到一個完整的自我。

名言的成分以及名言的對象是不會相同的，根據名言的組成去尋找它的成分，永遠也找不到此一對象。因爲諸法不存在於它自身中，它只依緣於概念化的或是世俗化的力量而存在。

沒有一法是依緣於自身而獨立存在的，諸法都是名言的、虛假的創生，如影如響。怎麼可能有一法是眞實的呢？這就是「互相依存的辯正」：因爲諸法是因緣所生，是依緣於其他的條件，它們如回響音一般，怎麼能說是眞實的存在呢？

破有無生因
（The Argument Concerning the Arising and Cessation of Entities and Non-entities）

145

若法已成有
其因何所需
若法本來無
云何需彼因

一般說來，存在的事物已經產生了，不存在的事物則否。然而，我們說一個事物產生了，如果他的意思是它不是名言假立的存在，而是靠自生的力量存在，它們則是獨立自存的，不必依賴其他的條件。如果事物是以這種方式存在，它不需要一個因，因爲它早已藉著自己的力量而安立了。

再者，如果諸法藉著自身的力量產生這件事是不存在的，沒有其他的助緣，諸法本來就不存在，縱使有因又有什麼用呢？

146

縱以億萬因
無實不變有
無實怎成有
成有者為何

縱使有千百萬的因緣，也不可能把自性沒有的東西變成自性實有。如果非實有的狀態轉化爲實有的狀態，它必須脫離或是保留非實有的狀態。如果是保留原樣，實有和非實有是互相排斥的，怎麼可能從非實有變爲實有呢？如果是脫離原樣，從非實有脫離變爲實有，但有什麼能從無轉化爲有呢？沒有可能。

147

無時若無有
何時方成有
於有未生時
是猶未離無

當事物非實有時，它並不存在；何時可能成爲有呢？作者因此辯駁有是從無之中脫離非有之說。再者，如果某物尚未產生，應該還沒有脫離無的狀態。

148

倘若未離無
則無生有時
有亦不成無
應成二性故

因位實有和非實有的兩種狀態是互相排斥的，如果某事物不是從非實有之中脫離出去，它就不可能變成實有；同理，也不可能從實有變成無。爲什麼？因爲這代表著一個實體卻有著兩種互斥的本質，這是不可能的。

149

自性不成滅
有法性亦無
是故諸眾生
畢竟不生滅

既然沒有自性的生，就沒有由於因的條件消逝而產生自性的滅，也沒有一法在滅之前自性存在。因此，整個情器世間的生起和幻滅只是藉著名言的力量而安立，沒有自性的生、住、滅。

150

眾生如夢幻
究時同芭蕉

涅槃不涅槃

自性悉無別

如果我們分析衆生的存在狀態，就像夢境一般虛幻，有如芭蕉一樣空洞不實㉒。同樣的，涅槃與輪迴都沒有自性，在究竟實相上輪涅是沒有分別的。

註釋

①佛教非常清楚的主張因果關係在色法與心法的重要性。讓人認知道心如同物質或是空間一樣是宇宙間重要的元素；而且因果關係同樣適合於色法和心法，以及心物兩種現象之間的互動。量子力學普遍的解釋強調量子世界沒有絕對的因果關係。在二次世界大戰期間，這個觀點在西歐變得非常風行，喜歡渾沌的、不可測的、不確定的原則等主題，認爲那是主宰物質世界的構成元素。這個歷史背景引導人們省思本體論的確是受到當時社會和經濟氣氛的影響。無論如何，把佛教的因果論與古典物理學的機械決定論或是量子物理學的或然決定論視爲等同，

都是錯誤的。

②本書中所提到的「自在天」（Ishvara），印度教視祂爲宇宙的創造者。

③比較第117頌。

④根據佛教，沒有一個新的連續意識是被創造出來的。每一個有情衆生的連續心識都可以回溯到無始以前。這麼多不同的生活方式是因爲三界不同的意識而呈現。一個有情衆生可能安住於無色界，它不受宇宙生滅的影響。再者，當一個宇宙完全毀滅時，它不適合讓所有有形的生命體居住，有些新的生命誕生，有些還安住在可以居住的狀態。佛教的宇宙論認爲無量的世界居住著無數的衆生，包括人、動物、和其他無數的生命。即使是我們居住的地球也是許多非人（non-human）、非動物（non-animal）等衆生的家。雖然他們通常爲人們所看不到，但是透過禪定的訓練提昇我們的意識，還是可以理解他們。

⑤在愛因斯坦的論文〈科學與宗教〉（"Science and Religion", Albert Einstein, *Out of My Later Years*, Philosophical Library, N.Y., 1950, p.27）中，他說：「今天宗教和科學衝突的來源就在於上帝的觀念。」佛教否定有一個造物主上帝的存在，把創造世界的因歸於自然現象而非一個超自然的來源。所謂歸因於自然現象，在佛教來說是包括意識等多種現象，這些通常是西方科學界所排斥的。

⑥佛教的宇宙觀和衆生從無始以來就安居於此的觀念，通常很難讓西方人理解。雖然一個人的謬見和障礙無始以來就開始，只有完全覺悟才可能消除。一個佛的意識是延續到無終的未來，

佛陀無止盡的事業則是完全放在度生上，引導他們覺醒。西方的思想家總習慣思考有關究竟的起始，而宗教和科學的領域總不去問最初發生的事。佛教否定時間的起始，也破斥有一個造物主，在這樣的基礎上也無正觀可言。

⑦比較第93、94、95頌。

⑧對此現代的解釋可參考譚弭的《瑜伽科學》（I. K. Tainmis: *The Science of Yoga,* The Theosophical Publishing House, Wheaton, III., 1981, pp.171-179）。比較傳統的解釋可參考阿蘭雅的《槃譚迦利瑜伽哲學》（Swami Hariharananda Aranya: *Yoga Philosophy of Patañjali,* State University of New York Press, Albany, N.Y. 1981, pp.158-169）。

⑨見《槃譚迦利瑜伽哲學》pp.169-170。

⑩比較第78—87頌。

⑪顯示（manifestation, 'khrul gzhi）。

⑫自創（self-creation, ātmaja, bdag skyes）數論派很難接受從無變成有，因此主張果在形成時已經存在了，而果只是潛伏在因中，當果產生的時候，它就從潛藏中呈現出來。因此，因果關係只是已經潛在的東西化現而已。就宇宙的範疇而論，這個世界是由主宰而產生，但這也只是已經存在的物質之化現而已。這個主題在達斯古塔的《印度哲學史》pp.254-258 中以及雷玖的《印度哲學傳統》pp.162-163 有討論。在《物理與哲學：現代科學革命》（*Physics and Philosophy: The Revolution in Modern Science*, Werner Heisenberg, Harper & Row, Pub., N.Y.

1962）一書中海森柏格討論他的「宇宙本體」（Universal substance, p.61）信念，以及他的原子和粒子測不準理論和潛在因子理論（potentia, p.186），這些不像日常生活的現象那樣眞實。

⑬海森柏格視量子世界測不準物質如潛在因子一般存在，經過測量後，進入眞實象限而呈現。這理論可能與數論派的見解類似。中觀見解駁斥類似潛在因子的實有。

⑭如果這是了解存在的觀念，那麼全世界的人都將了悟，因爲了悟的果早已存在他們心中。因此，他們將看到果已經存在於因中，就好像數論派的聖者一樣。

⑮《辨中邊頌》（*The Distinction between the Center and Extremes, Madhyāntavibhaṃgakārikā, dBus mtha' rnam 'byed*）。

⑯比較《大樂淨光》pp.203-213。

⑰有關這兩個次第的解釋可參考柯若特的《無上瑜伽密續》（Daniel Cozort: *Highest Yoga Tantra,* Snow Lion Publications, Ithaca, N.Y.1986, pp.39-114）。

⑱擬似究竟（simulated ultimate, mthun pa'i don dam）。

⑲這個心稱爲「究竟」，因爲它牽涉到對於諸法的究竟分析，尋找它存在的根本樣貌。

⑳脫離推敲（apart from elaborations, niṣprapañca, spro pa dang bral ba）。

㉑佛教哲學談到兩種型態的否定：簡單的和複雜的。前者是單存的缺少某物。例如，非混合的空間，定義爲沒有阻礙，它就是一個簡單的否定。複雜的否定是由缺少某物所組成之外，還包括對於某物的確認。例如，一個沒有樹的平原，樹是否定的，平原是確認的。

㉒從外表看，一棵芭蕉樹看似穩固而結實的，但是我們去剝析它，發現它沒有核心。它的外表讓人誤認它的實質。

8 勸修空性

Encouragement to Strive to Realize Emptiness

151

故於諸空法
有何得與失
有誰行恭敬
誰復受輕蔑

總結來說，一個個體——我——在生死輪迴中流轉，輪迴中的威脅和痛苦，包括心理上的苦惱和證悟涅槃，所有這一切都是空無自性的。所以，在一切自性皆空的諸法上，有什麼東西得到？有什麼東西失去？又有什麼眾生的讚嘆和輕蔑呢？這一切的毀譽都是空無自性。

152

苦樂由何生
何足憂與喜
若於自性覓
孰為愛所愛

談到朋友和敵人，爲什麼我們會敵視不友善的人，而喜悅於友善的人呢？如果我們尋找究竟的實相，誰是貪愛的人、什麼是貪愛、所貪愛的是什麼？這三者完全在自性上不實存①。

153

諦觀此世人
誰將辭世間
孰生孰當生
孰為親與友

如果細加探究，如理觀察，這些世上的衆生是什麼？誰將在此眞正的死亡呢？將出生的和已出生的到底是誰？誰又是親戚、誰又是朋友呢？

154

一切似虛空
如我應受持
諸求己樂者

爭喜諸因故

一切法如虛空，如果我們加以諦觀會發現它們都不是自生的、都沒有自性。初步的了解空性無法立即減弱我們對貪愛和瞋恨的執著；但是藉著那樣的體悟時常熟悉它，慢慢的就會了悟空性。在此過程中，二元的外相漸漸消逝，直到證悟無念的究竟實相。這是直接對治所知障②的方法，但是還有許多其他的顛倒必須達到修道位才有可能消除。

因此它並不容易，只是了解空性的意義並不能立即從煩惱中解脫。而是要不斷的諦觀空性，煩惱才可能慢慢的消除。

155

頻生繁亂喜
勤求生憂苦
互爭相殺戮
造罪艱困活

接著作者寫到沒有證悟空性的過患。人們因爲不了解空性，由於爭執而憤怒，因爲喜樂而高興。當他們的欲求不滿足時，他們感到痛苦；爲了避苦他們極力與他人爭鬥，彼此砍殺戮刺。像這樣造下衆多的業，使自己活得極爲艱困。

156

雖數至善趣
頻享眾歡樂

死已墮惡趣
久歷難忍苦

即使在此生，由於貪愛和瞋恨，享受很少的歡愉卻有很多的痛苦。死後大多數人轉生惡趣。即使轉生到善趣，他們也不知諦觀生死輪迴的根本，或是禪修空性；結果還是墮落惡趣，在那兒他們經歷長時的、難忍的痛苦。

157

三有多險地
無證空性法
迷悟復相違
生時盡迷真

三界輪迴中有許多的痛苦，置身其中由於無明而無法了解實相。因此，我們是被貪愛束縛在輪迴之中。

貪執實有與了悟空性是互相矛盾的，因此在輪迴之中是很難究明空性的。

158

於此難忍苦
無邊如大海
苦海善力微
壽命亦短促

在輪迴之中有無量的痛苦和不滿，就像大海一樣無有邊際，在此我們行善的機會很少，力量也很微弱。壽命卻極爲短促。

159

汲汲為身命

強忍飢疲苦
昏眠受傷害
伴愚行無義

爲了活命和健康汲汲營營的努力工作，必須遭受飢餓和疲累的痛苦，又須睡眠，有時還遭受大災難，甚至常陪伴愚昧的朋友去從事一些愚蠢的俗事。

160

無義命速逝
觀慧極難得
此生有何法
除滅散亂習

人們在散亂中讓時間飛逝，以智慧諦觀諸法本質的機會又非常地少。即使有一些善的愛好導向聖道，但是由於散亂的習氣，沒有辦法證悟，也無法深入。今生還有什麼方法可以斷除無始以來散亂的習氣呢？

161

今生魔亦勤
誘墮大惡趣
於此邪道多
難卻正法疑

更有甚者，魔④及其眷屬製造許多傷害，阻礙人們修行，誘惑我們墮入惡趣。在這個世間上還有許多導使痛苦的邪門歪道。例如：有一些極端的見解，像是虛無主義、不可知論等謬見，讓人們很難超越。

162

暇滿難再得
佛世難復值
惑流不易斷
嗚呼苦相續

要再獲得暇滿的人身是很不容易的，值遇佛陀應化人世更是困難。自心續中如濁流一般的煩惱也是難以斷除。唉！痛苦將永遠跟隨著輪迴衆生。

163

輪迴雖苦極
痴故不自覺
眾生溺苦流
嗚呼堪悲憫

雖然處此無盡的痛苦，愚痴的衆生卻毫不自覺他們存在的狀態和不滿。甚至視苦以爲樂，眞是値得悲憫啊！

164

如人數沐浴
復數入火中
如是雖極苦

猶自引為樂

爲求解脫，勝論外道一再沐浴身體以淨罪；有些耆那教徒則一再走入火堆求消業障。雖然他們處在極度的痛苦中，但仍然引以爲樂。

165

如是諸眾生
度日若無死
先遭弒後墮
惡道疾苦臨

有些人狀似悠閒假裝無憂無慮的過日子，彷佛一個解脫者已經了生脫死一般，一旦無常來到，生命被絞殺，就墮入無間惡趣遭受難忍的痛苦。

166

自集福德雲
何時方能降
利生安樂雨
為眾熄苦火

要到什麼時候，我才能從自身所修集的福德雲中降下安樂雨，消除眾生飽受三界苦火的折磨呢？

167

何時心無緣
誠敬集福德
於執有眾生

開示空性理

願我能了悟修行的根、道、果，不再執取諸法實有，認知到它們不過是世俗名言虛假的安立；願我以慈悲的發心累積福德。以我禪觀空性的智慧結合我累積的福德，再加上慈悲度眾的發心，願我能成佛。願我能爲身心受苦的芸芸眾生開示空性的義理。願我如菩薩，以禪修空性所獲得的所有能力迴向一切眾生，帶給他們幸福安樂。

註釋

①在中觀系統中，施者、作爲、受者三者經常是被分析的對象。如果把它與科學研究做比擬，我們可以討論作測量的人、測量的系統、被測量的對象。三者是互相依存的關係，沒有一個具有自性。在這三者中，如果測量者具化他自身獨立個別的存在，也同樣會把測量系統和被測的對象具象化爲獨立的實體。從中觀論者的見解，這樣的研究會受到本體論烏雲罩頂的引導。

②比量的妄見（speculative mental distortions）是因爲接受了謬見邪見等等而得，它們是透過學習而來。俱生妄見則是與生俱來的。一個新生的嬰兒帶著前世的妄見來到這個世界。佛教徒的修行目標不是要回復到那如嬰兒般的意識狀態，而是致力於達到空前覺醒的狀態。俱生妄見只有在開展到見道的階段才會被消除。

③佛教中所說的「魔」（Mara）有時用在單數，有時用在複數。

④佛教中所謂「獲得暇滿人身」（obtaining leisure）是指內在和外在的狀況都極難得的碰到具足修行的條件。通常談到的是八暇十滿。可參考達賴喇嘛的《成佛之道》（H. H. the Dalai Lama: *Path to Enlightenment,* Snow Lion Publication, Ithaca, N.Y., 1994, pp.58-62）。

參考書目

安那可：《世親七著》

Anacker, S., *Seven Works of Vasubandhu*. Delhi: Motilal Banarsidass, 1984.

阿蘭雅：《槃譚迦利瑜伽哲學》

Arnaya, S.H., *Yoga Philosophy of Patañjali*. Albany: State University of New York Press, 1981.

佛音：《清淨道論》

Buddhaghosa, B., *The Path of Purification*. Translated by B.Ñāṇamoli. Kandy, Sri Lanka: Buddhist Publication Society, 1979.

布特：《現代物理學的形上基礎》

Burtt, E.A., *Metaphysical Foundations of Modern Physical Science*. New York: Harcourt, Brace, & Co., 1927.

達賴喇嘛：《慧眼初開》

Dalai Lama, H.H., *Opening the Eye of New Awareness*. London: Wisdom Publicatios, 1985.

達賴喇嘛：《成佛之道》

Dalai Lama, H.H., *Path to Enlightenment*. Translated by Glenn H. Mullin. Ithaca, New York: Snow Lion Publications, 1994, Formerly entitled *Essence of Refined Gold*.

達斯古塔：《印度哲學史》

Dasgupta, Surendranath., *A History of Indian Philosophy*. Cambridge: Cambridge University Press, 1922.

格西嘉旺：《西藏傳統的心智發展》

Dhargyey, Geshé Ngawang., *Tibetan Tradition of Mental Development.* Dharamsala, India: Library of Tibetan Works & Archives, 1974.

格西給桑：《大樂淨光》

Gyatso, Geshé Kelsang., *Clear Light of Bliss*. London: Wisdom Publications, 1982.

傑佛瑞・霍普金斯：《禪觀空性》

Hopkins, Jeffrey., *Meditation on Emptiness*. London: Wisdom Publications, 1983.

傑佛瑞・霍普金斯：《密續特色》

Hopkins, Jeffrey., *The Tantric Distinction*. London: Wisdom Publications, 1984.

馬哈希拉：《佛教禪修的理論與實證》

Mahāthera, P. Vajirañāna., *Buddhist Meditation in Theory and Practice.* Kuala Lumpur: Buddhist Missionary Socjety, 1975.

格西雷登：《空的迴響》

Rabten, Geshe., *Echoes of Voidness*. Translated by Stephen Batchelor. London: Wisdom Publications, 1983.

格西雷登：《心及其功能》

Rabten, Geshe., *The Mind and its Functions*. Translated by Stephen Batchelor. Mt. Pelerin, Switzerland: Tharpa Choeling, 1980.

雷玖：《印度哲學傳統》

Raju, P.T., *The Philosophical Traditions of India*. London: George Allen & Unwin, Ltd., 1971.

拉提仁波切、傑佛瑞・霍普金斯：《死亡、中陰與再生》

Rinbochay, Lati and Jeffrey Hopkins., *Death, Intermediate State and Rebirth.* Ithaca, New York: Snow Lion Publications, 1985.

拉提仁波切：《藏傳佛教的禪定》

Rinbochay, Lati, et. al., *Meditative States in Tibetan Buddhism*. London: Wisdom Publications, 1983.

蘇雷利：《止觀雙運》

Solé-Leris, A., *Tranquility and Insight*. Boston: Shambhala Publications, 1986.

史卻巴斯基：《佛教邏輯》

Stcherbatsky, Theodore, *Buddhist Logic.,* New York: Dover Publications, 1962.

史卻巴斯基：《佛教中心思想》

Stcherbatsky, Theodore, *The Central Conception of Buddhism.,* Delhi: Motilal Banarsidass, 1974.

宗喀巴：《辨了義不了義善說藏論》

Tsong Khapa., *Essence of True Eloquence*. Translated by Robert A. F. Thurman. Princeton: Princeton University Press, 1984.

內容簡介

般若智慧之道

一九七九年夏，達賴喇嘛在瑞士的雷康（Rikon）以藏語開示佛教梵文經典《入菩薩行》第九品「智慧品」，聽眾約有上千的藏人和西方人，這一系列的宣講，由美國史丹佛大學宗教研究博士候選人艾倫・華勒士（B. Allan Wallace）整理註譯，編輯爲本書。

《入菩薩行》是印度聖哲寂天的著作，乃是大乘佛教傳統修證中最重要的典籍之一，〈智慧品〉即是這部佛教典籍的第九篇，在佛教學者眼中，此篇內容精妙，是闡釋中觀哲學最重要也最深奧的代表性經典。

本書結合了「智慧品」原典與達賴喇嘛的開示，逐段註釋。梵文原典的英文譯註，主要根據十四世紀宗喀巴大師的古典藏文註解，並參考智作慧的梵文註解《入菩提行難處釋》與宗喀巴一位弟子的藏文註解，透過達賴喇嘛精闢的闡示解讀和親證的體悟，使我們得以跨越時空和文字的門檻，進一步了解藏傳佛教的原典教義，及其與當代思潮的關聯。

作者

第十四世達賴喇嘛丹增・嘉措

第十四世達賴喇嘛丹增・嘉措，一九三五年生於西藏安多，爲西藏的精神與政治領袖。自從一九五九年中共接管西藏，他在印度達蘭沙拉成立西藏流亡政府，並被視爲領袖。今天他已經是舉世聞名的精神導師，而且是一位奮戰不懈的和平工作者。一九九八年獲得諾貝爾和平獎。

英文譯者

艾倫・華勒士（B. Allan Wallace）

艾倫・華勒士（B. Allan Wallace），一九七〇年開始研究西藏語言和佛教，之後花了十年的光陰研究佛教哲學，並在印度和瑞士跟隨西藏的學者禪修，同時教授藏語、哲學、禪學。從一九八〇—八四年，他專心投入一系列長期的閉關。他在安赫斯特學院完成醫學士的學位，目前是史丹佛大學宗教研究的博士候選人。

中文譯者

陳琴富

陳琴富，十餘年前，因特殊因緣對佛學產生興趣。曾隨一行禪師、隆波通學習南傳的觀呼吸和四念處。對於佛法的了解初淺，對藏傳佛教更是覺得深奧難以入手，只好先從翻譯著手找個入處。著有《當下最美好》、《健康的修煉》，譯作《步步安樂行》〈一行禪師原著〉、《藏傳佛教世界》〈達賴喇嘛原著，立緒文化出版〉、《假如我死時，你不在我身旁》〈克莉斯汀・龍雅可原著〉、《西藏慾經》〈更敦群培原著〉等。

校對

陳琴富

宗教與靈修

達賴喇嘛

達賴喇嘛代表了一個完整存留到今天的偉大智慧傳承。
而這個文明唯有在流亡中才能得以保全，更顯示出這個時代的脆弱。

達賴喇嘛在哈佛談四聖諦、輪迴、敵人

達賴喇嘛 ◎藏文口述
Jeffrey Hopkins ◎英譯
鄭振煌 ◎中譯
ISBN:978-986-360-024-4
定價：320元

藏傳佛教世界：西藏佛教的哲學與實踐

達賴喇嘛◎著

中時開卷版一周好書
ISBN:978-986-6513-80-0
定價：250元

生命之不可思議

達賴喇嘛揭開輪迴之謎
達賴喇嘛◎著

ISBN:957-9967-73-3
定價：230元

曼陀羅：時輪金剛沙壇城

ISBN: 978-986-360-150-0
定價：380元

達賴喇嘛說幸福之道

ISBN: 978-986-7416-28-5
定價：300元

達賴喇嘛說喜樂與開悟

ISBN: 978-986-360-043-5
定價：300元

夢・意識・佛法

達賴喇嘛與六位腦科學家的對話
Consciousness at the Crossroads
Zara Houshmand◎編
中時開卷版一周好書
誠品好讀重量書評
ISBN:978-986-360-128-9
定價：320元
（原書名：意識的歧路）

達賴喇嘛說般若智慧之道

達賴喇嘛開示：
入菩薩行 智慧品

ISBN:978-986-360-163-0
定價：320元

情緒療癒

21世紀的醫療挑戰
生命科學與藏密智慧對話
Daniel Goleman◎主編

中時開卷版一周好書
ISBN:978-957-8543-40-1
定價：280元

達賴喇嘛說慈悲帶來轉變

達賴喇嘛與八位心理治療
心理輔導界頂尖人士對話

ISBN:978-986-360-045-9
定價：280元

心理學與哲學思考

C. G. Jung 榮格對21世紀的人說話

發現人類內在世界的哥倫布

**榮格早在二十世紀即被譽為是
二十一世紀的心理學家，因為他的成就
與識見遠遠超過了他的時代。**

榮格（右一）與弗洛依德（左一）在美國與當地學界合影，中間爲威廉．詹姆斯。

人及其象徵：

榮格思想精華
Carl G. Jung ◎主編
龔卓軍 ◎譯

中時開卷版書評推薦
ISBN: 978-986-6513-81-7
定價：390元

榮格心靈地圖

人類的先知，
神秘心靈世界的拓荒者
Murray Stein◎著
朱侃如 ◎譯
中時開卷版書評推薦
ISBN: 978-986-360-082-4
定價：320元

榮格．占星學

重新評估榮格對
現代占星學的影響
Maggie Hyde ◎著
趙婉君 ◎譯

ISBN: 978-986-6513-49-7
定價：350元

導讀榮格

超心理學大師
榮格全集導讀
Robert H. Hopcke ◎著
蔣韜 ◎譯

ISBN: 978-957-8453-03-6
定價：230元

榮格：
思潮與大師經典漫畫

認識榮格的開始
Maggie Hyde ◎著
蔡昌雄 ◎譯

ISBN: 987-986-360-101-2
定價：250元

大夢兩千天

神話是公眾的夢
夢是私我的神話
Anthony Stevens ◎著
薛絢 ◎ 譯

ISBN: 978-986-360-127-2
定價：360元

夢的智慧

榮格的夢與智慧之旅
Segaller & Berger ◎著
龔卓軍 ◎譯

ISBN: 957-8453-94-9
定價：320元

神話學

喬瑟夫．坎伯 Joseph Campbell

20世紀美國神話學大師

如果你不能在你所住之處找到聖地，
你就不會在任何地方找到它。
默然接納生命所向你顯示的實相，
就是所謂的成熟。

坎伯與妻子珍．厄爾曼

英雄的旅程

讀書人版每週新書金榜
開卷版本周書評
Phil Cousineau ◎著
梁永安 ◎譯

ISBN: 978-986-360-153-1
定價：420元

神話的力量

1995聯合報讀書人
最佳書獎
Campbell & Moyers ◎著
朱侃如 ◎譯

ISBN: 978-986-360-026-8
定價：390元

千面英雄

坎伯的經典之作
中時開卷版、讀書人版每周
新書金榜
Joseph Campbell ◎著
朱侃如 ◎譯

ISBN: 957-8453-15-9
定價：420元

坎伯生活美學

開卷版一周好書榜
讀書人版每周新書金榜
Diane K. Osbon ◎著
朱侃如 ◎譯

ISBN: 957-8453-06-X
定價：360元

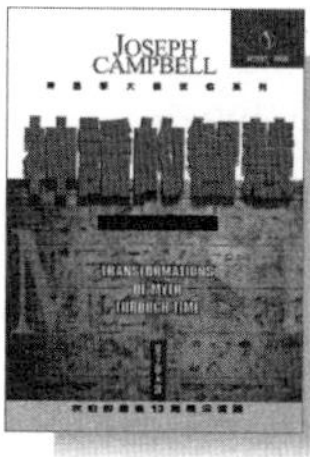

神話的智慧

開卷版一周好書榜
讀書人版每周新書金榜
Joseph Campbell ◎著
李子寧 ◎譯

ISBN: 957-0411-45-7
定價：390元

美國重要詩人**內哈特 John Neihardt**傳世之作

巫士詩人神話　長銷七十餘年、譯成八種語言的美國西部經典

這本如史詩般的書，述說著一個族群偉大的生命史與心靈史，透過印第安先知黑麋鹿的敘述，一部壯闊的、美麗的草原故事，宛如一幕幕扣人心弦的電影場景。這本書是世界人類生活史的重要資產，其智慧結晶將為全人類共享，世世代代傳承。

ISBN: 986-7416-02-3　定價：320元

心理學與哲學思考

羅洛·梅 Rollo May

愛與意志：羅洛·梅經典

生與死相反，
但是思考生命的意義
卻必須從死亡而來。

ISBN:978-986-360-140-1
定價：420元

自由與命運：羅洛·梅經典

生命的意義除了接納無
可改變的環境，
並將之轉變為自己的創造外，
別無其他。
中時開卷版、自由時報副刊
書評推薦
ISBN:978-986-6513-93-0
定價：360元

創造的勇氣：羅洛·梅經典

若無勇氣，愛即將褪色，
然後淪為依賴。
如無勇氣，忠實亦難堅持，
然後變為妥協。

中時開卷版書評推薦
ISBN:978-986-6513-90-9
定價：230元

權力與無知：羅洛·梅經典

暴力就在此處，
就在常人的世界中，
在失敗者的狂烈哭聲中聽到
青澀少年只在重蹈歷史的覆轍。

ISBN:978-986-3600-68-8
定價：350元

哭喊神話

呈現在我們眼前的....
是一個朝向神話消解的世代。
佇立在過去事物的現代人，
必須瘋狂挖掘自己的根，
即便它是埋藏在太初
遠古的殘骸中。

ISBN:978-986-3600-75-6
定價：380元

焦慮的意義：羅洛·梅經典

焦慮無所不在，
我們在每個角落
幾乎都會碰到焦慮，
並以某種方式與之共處。

聯合報讀書人書評推薦
ISBN:978-986-360-141-8
定價：420元

尤瑟夫·皮柏 Josef Pieper

二十世紀最重要的哲學著作之一

閒暇：一種靈魂的狀態 誠品好讀重量書評推薦

Leisure, The Basis of Culture
德國當代哲學大師經典名著

本書摧毀了20世紀工作至上的迷思，
顛覆當今世界對「閒暇」的觀念

閒暇是一種心靈的態度，
也是靈魂的一種狀態，
可以培養一個人對世界的關照能力。

ISBN:978-986-360-107-4
定價：280元

立緒文化事業有限公司　信用卡申購單

■信用卡資料

信用卡別（請勾選下列任何一種）

□VISA　□MASTER CARD　□JCB　□聯合信用卡

卡號：＿＿＿＿＿＿＿＿＿＿＿＿＿＿＿＿

信用卡有效期限：＿＿＿年＿＿＿月

身份證字號：＿＿＿＿＿＿＿＿＿＿＿＿＿

訂購總金額：＿＿＿＿＿＿＿＿＿＿＿＿＿

持卡人簽名：＿＿＿＿＿＿＿＿＿＿＿＿＿（與信用卡簽名同）

訂購日期：＿＿＿＿年＿＿＿＿月＿＿＿＿日

所持信用卡銀行：＿＿＿＿＿＿＿＿＿＿＿

授權號碼：＿＿＿＿＿＿＿＿＿＿（請勿填寫）

■訂購人姓名：＿＿＿＿＿＿＿＿＿＿＿＿性別：□男□女

出生日期：＿＿＿＿年＿＿＿＿月＿＿＿＿日

學歷：□大學以上□大專□高中職□國中

電話：＿＿＿＿＿＿＿＿＿＿　職業：＿＿＿＿＿＿＿＿＿＿

寄書地址：□□□

＿＿＿＿＿＿＿＿＿＿＿＿＿＿＿＿＿＿＿＿＿＿＿＿＿＿＿＿

■開立三聯式發票：□需要　□不需要（以下免填）

發票抬頭：＿＿＿＿＿＿＿＿＿＿＿＿＿＿

統一編號：＿＿＿＿＿＿＿＿＿＿＿＿＿＿

發票地址：＿＿＿＿＿＿＿＿＿＿＿＿＿＿

■訂購書目：

書名：＿＿＿＿＿＿、＿＿＿本。書名＿＿＿＿＿＿、＿＿＿本。

書名：＿＿＿＿＿＿、＿＿＿本。書名＿＿＿＿＿＿、＿＿＿本。

書名：＿＿＿＿＿＿、＿＿＿本。書名＿＿＿＿＿＿、＿＿＿本。

共＿＿＿＿＿＿本，總金額＿＿＿＿＿＿＿＿＿＿＿元。

◎請詳細填寫後，影印放大傳真或郵寄至本公司，傳真電話：（02）2219-4998

信用卡訂購最低消費金額為一千元，不滿一千元者不予受理，如有不便之處，敬請見諒。

國家圖書館出版品預行編目 (CIP) 資料

達賴喇嘛說般若智慧之道 / 第 14 世達賴喇嘛丹增嘉措 (Tenzin Gyatso) 藏文口述；艾倫．華勒士 (B. Alan Wallace) 英譯；陳琴富中譯 . -- 三版 . -- 新北市：立緒文化，民 109.10
面；　公分 . --（新世紀叢書）
譯自：Transcendent wisdom : a a teaching on the wisdom section Shantideva's Guide to the Bodhisatva way of life
ISBN 978-986-360-163-0（平裝）
1. 藏傳佛教 2. 注釋 3. 佛教修持

226.962　　109015278

達賴喇嘛說般若智慧之道（三版）※ 初版書名：超越的智慧

Transcendent Wisdom

出版——立緒文化事業有限公司（於中華民國 84 年元月由郝碧蓮、鍾惠民創辦）
藏文口述——第 14 世達賴喇嘛 丹增嘉措（Tenzin Gyatso）
英譯——艾倫．華勒士（B. Alan Wallace）
中譯——陳琴富

發行人——郝碧蓮
顧問——鍾惠民

地址——新北市新店區中央六街 62 號 1 樓
電話—— (02) 2219-2173
傳真—— (02) 2219-4998
E-mail Address —— service@ncp.com.tw
劃撥帳號—— 1839142-0 號 立緒文化事業有限公司帳戶
行政院新聞局局版臺業字第 6426 號

總經銷——大和書報圖書股份有限公司
電話—— (02) 8990-2588
傳真—— (02) 2290-1658
地址——新北市新莊區五工五路 2 號
排版——伊甸社會福利基金會附設電腦排版
印刷——祥新印刷股份有限公司

法律顧問——敦旭法律事務所吳展旭律師

分類號碼—— 226.962
ISBN —— 978-986-360-163-0
平裝出版日期　中華民國 92 年 12 月～ 99 年 5 月 初版 一～四刷（1 ～ 7,100）
中華民國 105 年 2 月 二版 一刷（1 ～ 1,000）
中華民國 109 年 10 月 三版 一刷（1 ～ 1,000）

定價◎ 320 元（平裝）　立緒

大旗文化 閱讀卡

姓　名：

地　址：□□□

電　話：(　　)　　　　　傳 眞：(　　)

E-mail：

您購買的書名：＿＿＿＿＿＿＿＿＿＿＿＿＿＿＿＿

購書書店：＿＿＿＿＿＿市（縣）＿＿＿＿＿＿＿＿書店

■您習慣以何種方式購書？

□逛書店 □劃撥郵購 □電話訂購 □傳真訂購 □銷售人員推薦
□團體訂購 □網路訂購 □讀書會 □演講活動 □其他＿＿＿＿

■您從何處得知本書消息？

□書店 □報章雜誌 □廣播節目 □電視節目 □銷售人員推薦
□師友介紹 □廣告信函 □書訊 □網路 □其他＿＿＿＿＿＿

■您的基本資料：

性別：□男 □女　婚姻：□已婚 □未婚　年齡：民國＿＿＿年次

職業：□製造業 □銷售業 □金融業 □資訊業 □學生
□大眾傳播 □自由業 □服務業 □軍警 □公 □教 □家管
□其他＿＿＿＿＿＿＿＿＿＿＿＿＿＿

教育程度：□高中以下 □專科 □大學 □研究所及以上

建議事項：

愛戀智慧 閱讀大師

廣 告 回 信
北區郵政管理局登記證 北 臺 字 8 4 4 8號
免 貼 郵 票

立緒文化事業有限公司　收

新北市 2 3 1

新店區中央六街62號一樓

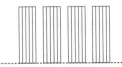

請沿虛線摺下裝訂，謝謝！

立緒文化 閱讀卡

感謝您購買立緒文化的書籍

為提供讀者更好的服務，現在填妥各項資訊，寄回閱讀卡（免貼郵票），或者歡迎上網http://www.facebook.com/ncp231即可收到最新書訊及不定期優惠訊息。